산딸나무와 터키 여행

사랑하는 딸과 아내, 누님들에게

산딸나무와 터키 여행

플로라 여신의 꽃은 하늬바람에 실려 고려청자에 피어나고

홍 석 경 지음

도서출판 **문화의힘**

| 프롤로그 |

터키 여행에서
한국미술사의 수수께끼를 풀다

   2015년 가을이 시작되는 9월에 아내와 함께 터키와 그리스를 한 달 간 여행하였다. 오랫동안 마음속에 담아두었던 여행지였지만 대기업에 다닐 때는 시간을 내기가 어려워 가슴앓이만 했던 곳이다. 중소기업으로 옮기고 나서 또 몇 년을 열심히 일한 덕분에 자리가 잡히고 회사의 배려로 안식월을 갖게 되어 내 생애 처음으로 그야말로 모든 것을 잊고 여행만을 위해 훌쩍 떠날 수 있게 되었다. 여행을 떠나기 직전까지 마무리해야 할 회사일이 있어 바쁘다는 핑계로 여행코스에 대해서는 아내에게 일임하고 나는 가끔씩 어디어디 들르는지 물어보고 여행지가 궁금하면 구글 검색으로 여행지 사진을 감상해보는 정도였다. 그러했기에 방문지의 유적이나 유물 정보에 대해서는 평소 알고 있던 기초적인 상식 이외에는 그것에 얽힌 신화, 종교, 역사, 혹은 미술사 측면에서 구체적인 내용을 모르고 있었다. 오랫동안 나의 버킷 리스트의 첫 번째를 차지했던 여행이었지만 정작 고대문명의 발상지이자 문명의 교차로였던 터키와 그리스에 대한 사전 정보가 부족한 상태로 여행을 떠났다. 하지만 나는 이번 여행에서 선입견에 빠지지 말고 마치 화선지에 먹이 번지듯이 내 눈으로 보고 느낀 것을 있는 그대로 받아들이기로 작정

| 산딸나무와 터키 여행 |

했다. 난생 처음 경험하는 해방의 기쁨을 그냥 온몸으로 만끽하기로 했다.

  터키 여행은 이스탄불을 출발지로 해서, 보름 간에 걸쳐 시계방향으로 사프란볼루, 카파도키아, 안탈리아, 팜필리아의 고대 로마 도시(페르게, 시데, 아스펜도스), 페티예, 파묵칼레, 에페소스를 거쳐 다시 이스탄불로 오는 경로를 택했다. 이번 여행을 준비하면서 항공편과 숙소는 배낭여행 전문 여행사를 통해 예약을 하였고, 여행지 간 이동을 위한 교통편과 한정된 일정에서 꼭 봐야 하는 관광지 선정은 여행 안내 책자의 도움을 받아 스스로 해결하였다. 상황에 따라 여행 일정과 숙소도 바꿀 수 있는 완전한 자유 배낭여행은 아니었지만 패키지여행처럼 구속받지 않고 여행의 자유를 충분히 만끽할 수 있었다.

  처음 접한 터키 아나톨리아 반도의 이국적인 풍경은 환상적이었고, 인류 문명사에 큰 발자취를 남긴 고대 오리엔트 제국, 그리스·로마 제국, 비잔티움 제국과 오스만 제국이 남긴 유적과 유물은 정말 놀라왔다. 지금도 이스탄불에 도착한 첫날 이른 아침에 보석처럼 영롱한 햇살이 반짝이던 술탄아흐메트 광장, 코발트블루의 청

| 프롤로그 |

화백자처럼 눈이 시리도록 푸른 보스포루스 해협, 시냇가를 따라 상쾌한 기분으로 걷던 카파도키아의 으흘라라 계곡, 페티예 해변에서 본 터쿼이스 블루의 지중해 물빛, 하얀 석회층을 배경으로 지는 해가 장엄했던 파묵칼레를 잊을 수가 없다. 또 이스탄불의 하기아 소피아 성당은 도저히 6세기에 지어진 건축물이라 생각할 수 없을 정도로 웅장하고 화려했다. 톱카프 궁전과 돌마바흐체 궁전에서는 중앙유라시아의 유목민족으로 한때 세계를 호령했던 튀르크인의 영광과 몰락의 흔적을 엿볼 수 있었고, 고대 로마도시였던 페르게, 시데, 아스펜도스, 에페소스에서는 로마인의 놀라운 건축기술을 확인할 수 있었다. 터키는 지난 수년 간 우리나라 사람이 선호하는 여행지로서 많은 한국인이 다녀가면서 블로그나 카페에 소개하였기에 남들이 소개하지 않은 새로운 내용을 나의 여행기에 담기는 어려웠다. 그러나 기존에 널리 알려진 사실 가운데는 잘못 알려진 내용도 간혹 발견할 수 있었기에 나는 최대한 신뢰할 수 있는 국내외 자료를 몇 가지 참고하고 서로 비교하여 확실하다고 판단된 내용을 바탕으로 여행기를 작성하였고, 여기에 나 자신이 직접 보고 느낀 감상을 솔직하게 덧붙이기도 하고 때로는 우리문화유산과 비교해 보기도 하였다.

| 산딸나무와 터키 여행 |

　하기아 소피아 성당에서 보았던 돌고래와 삼지창 문양과 안탈리아 박물관에서 봤던 석관의 메두사 얼굴에 담긴 의미를 터키 여행을 마치고 방문한 그리스 아테네에서 비로소 이해하게 되었을 때, 이번 여행이 더 각별하게 나에게 다가왔다. 안탈리아를 대표하는 고대 로마 유적인 하드리아누스의 문 옆에 활짝 핀 무궁화 꽃을 우연히 발견했을 때 반가움은 이루 말할 수가 없었다. 여기서 처음 만난 무궁화는 이후 터키 여행 내내 나를 쫓아다녀 그 인연이 예사롭지 않게 생각되었다. 그러나 그 무엇보다도 우리 고려청자의 전통 문양으로만 알고 있었던 '칠보무늬'가 사실은 고대 로마제국에서 고급 저택의 거실이나 테라스 바닥, 또는 도로의 모자이크 장식문양으로 널리 사용되었고, 이후 비잔티움 제국에서 석굴사원의 천정이나 기둥장식 문양으로 흔히 사용됐다는 사실을 발견했을 때의 기쁨에 비할 수는 없을 것이다. 한반도와 아나톨리아 반도는 중앙유라시아 대륙의 동쪽과 서쪽 끝에 놓여 있어 그 떨어진 거리는 무려 7,900km에 달하는 데다 중간에 파미르 고원과 같은 험지가 놓여 있기에 두 지역에 명멸했던 문명 간 교류는 지리적으로나 역사적으로나 생각하기가 어려운 게 사실이다. 그런데 전혀 인연이 없었다고 믿었던 두 지역 사이에 오랜 세월에 걸쳐 어떤 형태로든 문명

| 프롤로그 |

교류가 있었다는 명백한 증거를 이번 여행에서 우연히 발견했을 때, 나는 눈이 휘둥그레지는 놀라움에 이어서 전혀 예상치 못했던 새로운 사실을 발견했다는 기쁨에 휩싸였다.

나는 여행을 다녀온 후 약 1년여에 걸쳐 이 문양의 기원과 원형을 밝혀내려는 노력을 기울여 마침내 칠보무늬의 원형을 인류최초의 청동기 문명 가운데 하나인 인더스계곡 문명인이 빚은 채색토기에서 발견하였는데, 그 생김새는 놀랍게도 칠보하고는 전혀 무관한 열십 자(+) 모양의 꽃무늬였다. 큼지막한 네 개의 꽃잎이 열십자형으로 핀 인더스계곡의 꽃은 우리나라 산이나 정원에서 오뉴월이 되면 하얀 십자가형 꽃을 피우는 '산딸나무 꽃'과 너무나도 비슷했다. 나는 한국미술사학계에서 칠보무늬라고 부르는 이 문양에 '산딸나무 꽃무늬'라는 순우리말 이름을 새로 지어주었다. 사실 고려청자의 칠보무늬나 퀼트업계에서 부르는 여의주문이라는 이름은 이 문양의 기원에 대해 전혀 모르던 시절에 붙여진 잘못된 이름이다. 필자의 터키 여행기를 통해 처음 소개되는 이 놀라운 발견이 한국미술사학계의 검증을 통해 문양 이름이 바로잡히는 계기가 됐으면 하는 소박한 꿈을 꾸어본다. 이번 터키 여행기에서는 소개하지 못했지만, 나는 다음 여행지였던 그리스의 박물관에서

| 산딸나무와 터키 여행 |

숱하게 보았던 고대 그리스의 전통문양 가운데 몇 종류는 우리 고려청자의 테두리 장식문양으로 흔히 사용되었다는 새로운 사실도 발견하였다. 나의 조사에 의하면, 고려청자와 조선 초에 생산된 백자(제기)에서 그리스 문양이 발견되고 있다. 언젠가 기회가 주어진다면 이 그리스 문양에 얽힌 흥미로운 이야기도 한보따리 풀어내고 싶다.

 아무리 관광지가 멋지더라도 그곳에 살고 있는 현지인의 작은 친절이 없었더라면 이번 여행이 아름다운 추억으로만 가득차기는 어려웠을 것이다. 마을에서, 유적지에서, 호텔에서, 오토가르에서, 길가에서 친절을 베풀어 준 터키인들은 이번 여행을 지치지 않고 한껏 즐길 수 있도록 도와주었다. 그들에게 따뜻한 정을 담은 감사의 말을 전하고 싶다. 올해가 한국·터키 수교 60주년이 되는 해이다. 유목민족인 튀르크족이 중앙 유라시아를 제패했던 6~8세기에 고구려와 긴밀한 외교관계를 맺은 이후 우리와 이렇다 할 인연이 없다가 20세기 들어 한국전쟁과 2002년 한국에서 개최된 월드컵 축구경기를 계기로 '형제의 나라'로 가까워진 나라가 터키이다. 그러나 비록 튀르크 고유의 문화유산은 아니지만 터키 에페소스의 산딸나무 꽃무늬가 고려에 전달되어 청자의 칠보무늬로 재탄생한 것

| 프롤로그 |

처럼 두 지역은 오랜 세월 인연의 끈을 놓지 않고 있었다. 두 나라 관계가 여행뿐만 아니라 인류문명사를 포함한 인문학 분야에서도 더욱 돈독해지길 고대한다.

이번 여행을 염려해 주고 카톡으로 응원의 메시지를 보내 준 사랑하는 딸 주영이와 여행 내내 카톡으로 여행지 얘기를 함께 나누면서 즐거운 여행길이 되도록 응원해 준 형제들에게도 감사하다는 말을 전한다. 직장생활을 시작한 지 29년 만에 처음으로 오로지 나와 아내만을 위한 행복한 시간을 가질 수 있도록 안식월 휴가를 주신 이동수 사장님과 자리를 비운 동안 수고해준 직장 동료에게도 진심으로 감사드린다. 대기업 연구소를 다닐 때를 돌이켜보면 지난 10년 동안 1년에 평균 열흘 정도 쉬었던 것 같다. 오직 회사의 제품개발 프로젝트에만 파묻혔던 그 때가 월급은 많았지만 행복지수는 지금이 훨씬 높다. 우리나라에도 직장인과 그 가정이 행복한 강소기업이 많이 생겼으면 하는 바람이다. 다음카페에 여행기를 연재하도록 자극을 준 '2013 실크로드 동문회'의 노만택 원장님과 이기호 상무님을 비롯한 여러 벗들에게도 감사를 드린다. 이 분들의 관심과 격려가 없었다면 여행기를 쓴다는 것은 엄두도 못 냈을 것이다. 이 책은 터키 여행을 다녀와서 다음카페에 연재했던 여행기를 바탕으로 썼지만, 거의 새로 쓰다시피 한 것이다. 여행기 출간에 특별히 감사드릴 분은 필자가 활동하고 있는 '뿌리와 샘' 문화유산답사회를 25년간 이끌고 계신 이세용 회장님이시다. 과거 터키를 다녀간 수많은 여행객들과 마찬가지로 필자 역시 이곳 유물을 보고 그냥 지나칠 수도 있었지만, 단 한 번의 우연한 만남에서 동서 문명교류의 흔적을 놓치지 않고 찾아낼 수 있었던 힘은 전적으로 필자에게 우리문화유산을 보는 안목을 길러주신 회장님 덕분이다. 또한 필자의 여행기를 출판하면서 마음에 쏙 들게 편집과 북 디자인을 해 주신 도서출판 문화의 힘 이순옥 대표님의 수고에도 이 자리를 빌려 감사의 말씀을 드린다. 끝으로, 이번 여행길을 꼼꼼히 준비하여 큰 어려움 없이 여행지를 유람할 수 있도록 하였고 나의 까다로운 성격을 잘 참고 견뎌 준 아내에게도 고맙다는 말을 전하고 싶다.

2017년 7월
산딸나무 꽃을 바라보며

| 차례 |

프롤로그

제1장 문명의 교차로, 이스탄불

드디어 터키 이스탄불에 도착하다 ·················· 16
문명의 교차로, 이스탄불·························· 24
신화에서 신앙으로, 삼지창 주인이 바뀌다 ············ 56
오스만 제국의 영광과 몰락의 흔적을 더듬다 ·········· 61

제2장 으흘라라 계곡에서 우연히 만난 산딸나무 꽃

시프란 꽃처럼 아름다운 시프란볼루 ················ 108
자연과 인간이 빚은 경이, 카파도키아(1) ············ 120
자연과 인간이 빚은 경이, 카파도키아(2) ············ 137

제3장 청옥빛 지중해 연안의 고대 로마도시

안탈리아에 무궁화 꽃이 피었습니다 ················ 152
터키의 무궁화 ······························· 168

| 산딸나무와 터키 여행 |

  서양 도깨비, 메두사 ················· 173
  팜필리아의 고대 로마도시 ············· 179
  청옥빛 바다가 아름다운 페티예 ········· 196

제4장 고려청자 칠보무늬의 고향을 찾아서

  환상적인 목화의 성, 파묵칼레············ 214
  고려청자 칠보무늬의 고향, 에페소스······· 226
  신앙의 성지, 셀축··················· 250
  잘 있어라, 이스탄불이여·············· 260

제5장 터키 여행을 통해 재발견한 우리문화유산

  고려청자 칠보무늬의 원형을 찾아서········ 278
  월정사 석조인물상은 누구인가 ··········· 290

에필로그

제1장

문명의 교차로, 이스탄불

드디어 터키 이스탄불에 도착하다

이번 터키 여행에서는 아나톨리아 중서부 지역을 여행하였는데 이스탄불을 출발하여 시계방향으로 돌아 다시 이스탄불로 돌아오는 경로를 택했다. 터키는 땅덩어리가 넓은데다 옛 실크로드에서 아시아와 유럽을 잇는 길목에 자리 잡은 관계로 많은 나라와 국경을 맞대고 있다. 동남쪽으로는 시리아와 이라크, 동쪽으로는 이란, 아르메니아, 조지아(옛 그루지아)와 접해 있고 북

터키 여행 경로 아나톨리아 반도의 서쪽 절반을 보름 간에 걸쳐 여행했다.

쪽으로는 흑해를 가운데 두고 러시아, 우크라이나, 루마니아와 마주 보고 있으며, 서쪽으로는 그리스, 불가리아와 국경을 접하고 있다.

터키의 면적은 78만 3천 제곱미터(세계 37위)로 남한 면적의 7.8배, 한반도 면적(22만 제곱미터)의 3.6배 정도 되는 제법 큰 나라이다. 인구는 2016년 기준으로 7천9백만 명(세계 18위)으로 대략 남북한 인구를 합한 정도이며, 명목상 1인당 GDP는 약 1만불 정도이다.(우리나라의 경우는 명목상 1인당 GDP는 2만6천불로 세계 28위이다.)[1]

또 터키의 주요 도시인 앙카라와 이스탄불의 위도는 북위 40~41도 부근이며, 이는 우리나라에서 겨울에 추운 도시로 알려진 함흥이나 신의주와 비슷한 위치이다. 그러나 우리나라와 달리 지중해성 기후를 나타내고 있어 여름은 고온 건조하고 겨울에는 온난 다습하다. 특히 11월부터 이듬해 3~4월까지는 우기로 흐린 날이 많고 비도 자주 오며 5~10월 초까지는 날씨가 맑고 건조한 편이며 6~8월 사이에는 더운 날씨가 계속된다. 서울과 이스탄불의 시차는 7시간으로 시각은 동쪽에 있는 우리나라가 이르다.

현대 터키 민족은 중국 역사에서 당 제국(AD 618~907년)과 자웅을 겨뤘던 돌궐이라 불리던 북방 유목민족의 후예이다. 대학에서 한국어를 전공한 현지 터키인 여행가이드의 설명에 의하면, 터키어는 알타이어 계통의 언어라서 우리와 어순이 똑같다고 한다. 터키인 가이드가 다른 서양인과 달리 받침이 있는 우리 단어를 토종 발음에 가깝게 매우 자연스러운 발성으로 농담을 곁들여 안내를 했을 때 우리 일행은 모두 감탄했다. 터키와 친척뻘 인종으로는 중국 신장 자치구의 위구르족과 헝가리 민족인 훈족이 있으며, 현재 위구르족은 터키어와 비슷한 언어를 사용한다고 한다.

터키 민족이 현재 터키 땅인 아나톨리아(소아시아)에 자리 잡게 된 것은 13

---

[1] 터키공화국의 인문지리 및 경제에 관한 내용은 위키피디아에서 발췌 인용하였다.

오스만 제국의 전성기 때 영토(1580년)

세기 말 오스만 1세가 이끈 셀주크 투르크족이 비잔티움 제국의 영토로 들어와 1299년에 오스만 군후국을 세운 데서 비롯되었으며, 15세기 중엽에 동로마 제국(비잔티움 제국)을 멸망시키고, 16세기에 오스만 제국의 전성기를 맞이하였다. 제국의 전성기 시절에는 수도 이스탄불을 중심으로 서쪽으로는 모로코, 동쪽으로는 아제르바이잔, 북쪽으로는 우크라이나, 남쪽으로는 예멘에 이르는 광대한 영토를 차지함으로써 동로마 제국의 뒤를 이어 지중해를 에워싼 대제국을 이룩하였다.

한때 영광을 누렸던 오스만 제국은 18세기 이후 점차 국력이 쇠잔하여 해외영토를 조금씩 잃었으며, 제1차 세계대전(1914~1918년) 때는 견원지간인 러시아에 대항하기 위해서 독일 동맹국의 일원으로 참전하였으나 패전국이 되었다. 전후 처리를 위한 세브르 조약에 의해서, 오스만 제국은 1914년 이전의 영토를 대부분 상실하고 아나톨리아와 이스탄불 일대만을 간신히 유지하게 되었다. 더욱이 제국이 몰락해 가던 1919년에는 소아시아의 옛 그리스 땅을 회복하겠다고 침공한 그리스를 비롯하여 아르메니아, 프랑스로부터 심

터키공화국의 지역별 명칭

각한 위협을 받게 되었고 한때는 국가 존망의 위기를 겪기도 하였다. 그러나 1920년 민병대가 결사항전 끝에 프랑스군과 아르메니아군을 격퇴하였고, 1922년에는 나중에 아타튀르크('터키인의 아버지'란 뜻) 칭호를 받게 되는 무스타파 케말 장군의 지휘 아래 그리스 군을 앙카라에서 격파하고, 이어서 도주하는 그리스 군을 이스탄불에서 또 대파함으로써 그리스 영토 일부까지 실지를 회복하였으며 이때의 영토가 1923년 스위스 로잔 조약에 의해 현재의 터키공화국의 영토로 고정되었다.[2]

오늘날 터키공화국의 영토는 지역별로 구분하여, (1) 북쪽의 흑해 연안 지역, (2) 동쪽과 중앙의 고원지대를 일컫는 아나톨리아 지역, (3) 남쪽 지중해 연안의 팜필리아 지역, (4) 서쪽 에게 해 연안인 이오니아 지역, (5) 마르마라 바다와 접한 지역을 마르마라 지역이라 부른다. 또 마르마라 지역과 흑해 연안지역을 합쳐서 비잔티아 지역이라 부르기도 한다. 영토의 한가운데를 차지하고 있는 중앙 아나톨리아 지역엔 자연의 경이로움을 느낄 수 있는 카파도키아와 터키 수도인 앙카라가 있고, 팜필리아 지역에는 고대 로마도시인

[2] 터키공화국의 건국 배경에 관한 내용은 나무위키에서 발췌 인용하였다.

페르게, 아스펜도스, 시데가 있으며, 이오니아 지역엔 에페소스, 파묵칼레(히에라폴리스), 페르가몬, 아프로디시아스와 같은 고대 로마도시가 있고, 마르마라 지역엔 전설의 고대도시인 트로이와 문명의 용광로인 이스탄불이 있으며, 흑해 연안에는 민속마을인 사프란볼루가 있다.

8월 31일 밤 11시에 인천공항을 출발한 터키항공 비행기가 터키 이스탄불의 아타튀르크 국제공항에 도착한 시간은 현지시각으로 새벽 5시경이었다. 여기까지 오는데 대략 10시간 정도 걸린 것 같다. 공항에서 짐을 찾아 공항의 하바리마니(Havalimani) 역에서 출발하여 이스탄불의 구시가지(옛 비잔티움 제국의 수도였던 콘스탄티노플)로 가는 1호선 메트로에 올라타니 비로소 나의 버킷 리스트의 첫 번째 목록에 올라 있던 터키에 왔다는 것이 실감났다.

한국에서 사전 예약한 숙소가 있는 이스탄불 구시가지의 술탄아흐메트 광장으로 가기 위해 제이틴부르누(Zeytinburnu) 역에서 1호선 트램으로 갈아탔다. 전철역의 구내 승강장 바로 옆에 환승을 위한 좁은 통로가 있어서 무거운 캐리어를 끌고 계단을 오르내리지 않고 트램 정거장으로 곧바로 이동할 수 있어 무척 편하였다. 만약 이곳에서 내리지 않고 1호선 전철의 종착지인 악사라이 역에서 내리게 되면, 술탄아흐메트로 가는 1호선 트램으로 갈아타기 위해서는 5~10분 거리의 유스프파샤 트램 정거장까지 무거운 캐리어를 끌고 땀 흘리며 걸어가야 한다.

함께 내린 다른 여행객에 뒤섞여 환승통로로 이동하려는 차에 승강장의 검정색 벤치 위에 까만색 고양이가 한 마리 올라앉아 있는 것을 보았다. 우리나라 길냥이하고는 달리, 이 검정색 고양이는 털이 깨끗하고 윤기가 흐르고 있는데다 털 색깔이 벤치 색깔과 비슷하여 묘한 조화를 이루고 있었다. 많은 인파가 고양이 옆으로 지나가고 있었는데도 목덜미와 발가락 부위에만 하얀 털이 나 있는 이 새까만 고양이는 전혀 개의치 않고 도도하게 서 있었다. 쳐다보는 사람을 무시하는 듯 눈길조차 주지 않는 고양이에게서 포스가 확 느

터키 이스탄불에서 처음 만난 검정고양이 터키는 고양이가 행복한 나라였다. **제이틴브루누 역의 환승 통로** 메트로에서 트램으로 갈아 탈 수 있는 통로이다.

껴졌다. 우리나라 길냥이는 사람을 보면 도망치기 바쁜데 이곳 고양이한테는 위엄마저 느껴져 특이하다고 생각됐다. 몇 시간 지나지 않아 알게 되었지만 터키는 고양이가 행복한 나라였다.

제이틴부르누 트램 정거장에서 처음 본 이스탄불 트램은 덩치가 상당히 컸다. 마치 거대한 탱크가 굴러온다는 느낌이 들었는데 통로가 서로 연결된 두 량짜리 열차가 두 쌍 붙어서 달렸다. 트램의 속도는 느렸지만 차창 밖으로 펼쳐지는 이국적인 도시 풍경을 구경하느라 무료하지는 않았다. 톱카프(Topkapı) 정거장을 지나칠 때는 불현듯 차창 밖으로 옛 비잔티움 제국의 수도였던 콘스탄티노플을 방어하기 위한 테오도시우스 성벽의 잔해가 보였고, 베야지트(Beyazit) 정거장을 지나칠 때는 길가에 유난히 사람들이 북적거려 이 근처에 뭔가 볼만한 게 있나보다고 생각했다. 나중에야 알게 되었지만 베야지트 정거장 근처에 그 유명한 그랜드 바자르가 있다. 우리 부부는 이스탄불 역사지구가 있는 술탄아흐메트(Sultanahmet) 정거장에서 내렸다. 오전 7시를 약간 넘긴 9월 1일 이스탄불의 아침은 잔잔한 물결의 호수 표면에 아침

이스탄불 1호선 트램(제이틴부르누 정거장)

술탄아흐메트 트램 정거장(이스탄불)

이스탄불의 아침 풍경 술탄아흐메트 광장 옆

햇살이 반사되듯이 눈부시게 반짝이고 있었다.

  호텔로 향하는 내리막길을 따라 조금 내려가자 사진으로만 봤던 블루 모스크가 오른쪽에 웅장한 모습을 드러냈다. 연필처럼 뾰족한 미나렛과 커다란 모스크를 보니 내가 정말로 이스탄불에 도착했구나 하는 실감이 났다. 오늘 아침 9시에 호텔 로비에서 출발하는 이스탄불 투어 시간까지는 시간이 많이 남아 있어 술탄아흐메트 광장의 분수대로 가서 블루 모스크를 구경했다. 반대편에는 하기아 소피아 성당이 보였는데 그야말로 그림엽서에서나 봤던

술탄아흐메트 모스크(터키, 이스탄불) 사진으로만 봤던 블루 모스크가 오른쪽에 모습을 드러냈다. 연필처럼 뾰족한 미나렛과 커다란 모스크를 보니 내가 정말로 이스탄불에 도착했구나 하는 실감이 났다.

풍경이 눈앞에 펼쳐졌다.

 하기아 소피아 성당을 옆에 끼고 내리막길을 따라 내려가니 저 앞에 내가 묵을 호텔 간판이 눈에 들어온다. 드디어 무거운 짐을 풀어 놓을 호텔에 도착했다. 아담한 크기의 호텔 앞 벤치에 앉아 있던 터키인이 "메르하바(Merhaba·안녕하세요)!" 하면서 반갑게 맞아준다. 한국인 여행객이 많이 찾는 이 호텔에는 한국말을 잘 하는 터키인이 리셉션 데스크를 보고 있어 영어가 서투른 여행객의 마음을 편하게 해주었다. 아직 호텔 방에 들어갈 시간이 안 되었기에 손바닥 크기의 로비 한 귀퉁이에 캐리어를 놓고 아침 9시에 시작되는 이스탄불 투어를 기다리면서 소파에 몸을 기댔다. 현관 유리를 통해 트램과 관광객이 오가는 거리 풍경을 바라다보니 약간 흥분된 기대감이 밀려왔다.

문명의 교차로, 이스탄불

하기아 소피아 / 블루 모스크 / 지하궁전 / 이집션 바자르 / 갈라타 타워

  오늘 관광 일정은 오전에 '하기아 소피아'와 '술탄아흐메트(블루) 모스크'를 구경하고 오후에는 비잔티움 시대에 히포드롬(전차 경기장)이 있었던 술탄아흐메트 광장, 예레바탄 지하저수지, 이집션 바자르와 갈라타 타워를 구경하는 것이다.
  한국인 여성 가이드의 뒤를 따라서 우리 일행은 하기아 소피아와 블루 모스크 사이에 있는 분수 공원(술탄아흐메트 공원)으로 향했다. 그녀는 이집트에서 대학을 나오고, 터키에 반해서 1년 넘게 이곳에 머무르면서 투어 가이드 일을 하고 있다고 자신을 소개했다. 또 오늘 함께할 현지 여성 가이드도 소개해 주었는데 터키에서는 정부로부터 라이선스를 받은 외국인 가이드의 경우 반드시 현지인 가이드를 동반해야 한다고 한다.
  광장에는 수많은 관광객 사이로 고양이 몇 마리가 어슬렁거리고 있었는데 사람을 두려워하는 기색이 전혀 없었고 여유 만만했다. 우리나라하고는 다르게 사람과 길냥이가 공존하는 모습이 무척 평화롭게 느껴졌고 고양이 입장에서는 천국이 따로 없겠다는 생각도 들었는데, 이것은 다음과 같이 전해 내려오는 이슬람 예언자 무함마드의 고양이 사랑 덕분이라고 한다. 무함마드는 생전에 무에자란 이름의 고양이를 대단히 아꼈다고 한다. 기도를 하던

이스탄불 구시가지(옛 콘스탄티노플) 전경 (저자 그림) 갈라타 타워에서 바라본 풍경이다.

도중 무에자가 와서 옷자락 위에서 잠이 들자 고양이를 깨우고 싶지 않다며 옷자락을 잘라내곤 자리에서 일어설 정도였다고 한다.[3] 이러한 민담 때문인지 터키 어디를 가나 행복한 고양이를 자주 만날 수 있었다.

　터키 국기가 높다랗게 걸린 매표소를 지나 하기아 소피아 성당으로 들어갔다. 하기아 소피아(Hagia Sophia)는 그리스어로 '거룩한 지혜'라는 뜻이며 터키어로는 '아야소피아(Ayasofya)'라고 부른다. 이 성당은 현재 블루 모스크 옆 술탄아흐메트 광장에 있었던 히포드롬 전차 경기장에서 일어난 '니카의 반란'이라 불리는 시민들의 폭동 때 불에 타 없어진 것을 당시 황제였던 유스티니아누스 1세가 시민 수만 명을 강제 동원하여 불과 5년 10개월 만인 537년에 새롭게 건립한 것이다. 1453년 오스만 제국에 의해 콘스탄티노플이 함

---

[3] 무함마드와 고양이에 관한 내용은 나무위키에서 인용했다.

하기아 소피아 성당 비잔티움 제국의 유스티니아누스 1세 때인 537년에 건립된 것으로 1436년 이탈리아 피렌체의 두오모 대성당이 지어지기 전까지 세계 최대의 성당이었다.

락된 이후에는 이슬람 사원으로 사용되다가 1935년 터키공화국의 초대 대통령인 아타튀르크에 의해 아야소피아 박물관으로 이름을 바꾸고 개방하였다. 오랜 중세가 끝나고 르네상스 시기인 1436년 이탈리아 피렌체에 두오모 대성당이라 불리는 '산타 마리아 델 피오레 대성당'이 건축되기 전까지 세계최대의 성당이었다.

동쪽의 건물 입구로 들어서니 첫 번째 회랑인 외랑과 마주쳤다. 그리스 로도스 섬의 붉은 점토로 만든 납작한 벽돌을 화산재와 석회석이 주성분인 천연 시멘트를 사용해서 쌓아올린 내부 구조가 그대로 드러나 있어 대성전의 명성과는 다르게 매우 소박하게 느껴졌다. 투어 가이드의 설명에 의하면, 이 벽면과 천정에는 금으로 도금한 타일 벽화로 가득 차 있었는데 제4차 십자군 전쟁(1202~1204년) 때 이곳을 점령한 십자군이 죄다 벗겨갔다고 한다. 예루살렘 성지 회복이 아닌 경제적 약탈이 목적이었던 제4차 십자군 전쟁은 기독교가 국교인 라틴계 국가가 같은 종교를 믿는 비잔티움 제국을 공격한 사

(왼쪽부터) 하기아 소피아 성당의 외랑과 내랑, 황제의 문 위쪽의 예수 그리스도와 레오 황제 모자이크

건으로 역사상 최악의 문명적 재앙이었고 종교적으로는 로마 가톨릭과 동방 정교회가 갈라서는 결정적인 사건이었다.[4]

외랑에서 건물 안쪽으로 한 걸음 들어서니 내랑이 나타났다. 내랑의 천정은 온통 금빛 모자이크로 장식하여 눈이 부실 정도였고, 넓은 벽면은 마치 데칼코마니로 찍어낸 듯 대칭의 물결무늬가 있는 대리석으로 덮여 있었다. 내랑에서 본당으로 들어서는 9개의 문 가운데 한가운데 있는 가장 높은 문은 황제만이 드나들 수 있었던 황제의 문이며, 이 문 바로 위에는 화려한 황금 모자이크 성화가 있다. 옥좌에 앉아 계신 예수님을 중심으로 왼쪽 동그란 원 안에는 성모 마리아를, 오른쪽 동그란 원 안에는 천사 가브리엘을 그려 넣었는데 예수님 발아래에는 비잔티움 제국의 전성기를 가져온 레오 6세 황제(재위 기간 : 886년~912년)가 두 무릎을 꿇고 있는 장면이었다.

[4] 나무위키에서 발췌 인용했다.

하기아 소피아 성당 내부

이와 같이 성당 건축 시기(6세기)와 성상의 모자이크 제작 시기 간에 수백 년 차이가 발생한 것은 726~842년에 정치적이며 종교적인 이유로 인해 비잔티움 제국에서 일어난 성상파괴운동(iconoclasm) 때문이라고 한다. 대성당 건축 당시에도 성당 내부를 모자이크 그림으로 장식했을 테지만 이때의 작품은 성상파괴운동 기간 중에 모두 파괴됐을 것으로 짐작되고 있으며, 현재 벽면을 장식하고 있는 모자이크는 이 운동이 완전히 퇴조한 843년 이후에 다시 제작된 것이다.

황제의 문을 통해 본당 안으로 들어갔다. 얼마나 많은 사람들이 들락거렸는지 출입문 아래 대리석 문턱은 반질반질했고 상당히 닳아 없어져 오목한 곡선을 이루었다. 넓게 탁 트인 성전에서 정면에 보이는 곳은 후진(Apse)이라 불리는 곳으로 상단에는 아기 예수를 안고 있는 성모 마리아 그림이 있고, 좌·우측에는 커다란 아랍 글자가 적힌 원판이 설치되어 있다. 이 원판은 이곳이 이슬람 성전인 자미로 바뀌면서 설치된 것으로 오른쪽 원판의 글씨는 '유일신 알라', 왼쪽 원판의 글씨는 '예언자 무함마드'라고 한다. 또 후진의 바닥에는 이슬람 성지인 메카 방향을 표시해 주는 미흐랍(mihrab)이 설치되어 있다.

머리를 완전히 뒤로 젖히고 올려다봐야 하는 천정 돔까지 높이는 15층 높이에 해당하는 55m이며, 중앙의 돔 직경은 33m이다. 이 성전이 최초의 돔 형식 건물은 아니지만, 4개의 아치를 서로 마주보게 하고 아치 사이에 펜덴티브(삼각궁륭)를 추가함으로써 천정에 커다란 원형의 개구부를 형성하고 이 위에 엄청난 크기와 무게의 돔을 얹는 데 성공하였다. 이와 같은 건축양식은 당시로서는 매우 새롭고 혁신적인 공법이었다고 한다. 나는 건축에는 문외한이지만 현대 건축기술을 동원한다 해도 이만큼 아름답고 웅장한 성전을 짓기는 쉽지 않을 것 같다는 생각이 들었다.

성전 한 귀퉁이를 떠받치고 있는 코린트식 열주는 너무나 아름다웠다. 푸

  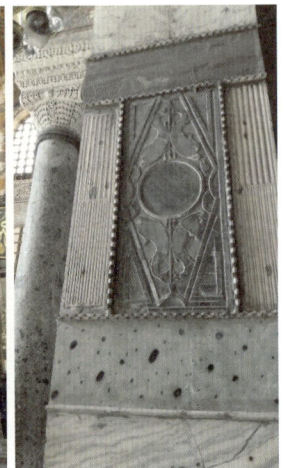

성모 마리아와 아기예수 　　코린트 양식의 돌기둥 　　삼지창과 돌고래 문양

르스름한 빛이 감도는 회색빛 원기둥은 크기도 우람했지만 주두를 장식한 아칸서스 잎은 도대체 어떻게 조각을 했을까 싶을 정도로 매우 정교하면서도 입체적이었다. 최신 공학기술인 3D 프린터를 사용해서 만든다고 해도 쉽지 않을 것 같다.

　투어 가이드는 우리 일행을 성당 측면에 있는 네모난 기둥이 있는 곳으로 안내했다. 이 기둥에는 재미난 문양이 새겨진 회색빛 석판이 부착되어 있었는데, 삼지창을 가운데 두고 두 마리의 돌고래가 허리를 한껏 휘어 배와 꼬리를 서로 맞대고 있는 모습을 새긴 부조였다. 투어 가이드는 우리 일행에게 "이 문양이 무엇을 뜻하는지 맞춰보라"고 수수께끼를 내었는데 우리는 어렵지 않게 "포세이돈"이라고 대답했지만 말하고 나니 조금 이상한 느낌이 들었다. 잘 알다시피, 그리스 신화에서 삼지창과 돌고래는 바다의 신 포세이돈의 상징물이다. AD 4세기에 로마 제국이 기독교를 공인하고 제국의 국교로 삼은 후 지중해 연안의 많은 로마속주에서 올림포스 12신을 모시는 신전과 신상이 우상숭배라 하여 파괴되었다. 그런데 하나님의 영광을 드러내기 위해 지은 기독교 대성전에 우상을 상징하는 문양이 버젓이 있는 것을 보니 이는 마치 테베의 스핑크스가 오이디푸스에게 낸 수수께끼, "두 자매가 있다. 서로가 서로를 낳는데 둘은 누구인가?"처럼 헷갈렸다. 이 수수께끼 문양에 대한 투어 가이드의 설명은 건축공사에 강제 동원된 백성들이 황제를 골탕 먹이기 위해 바다의 잡신을 새긴 대리석 판을 감독관 몰래 벽면에 부착한 것이라 했다. 장엄한 대성전의 아름다움에 넋을 잃은 채 속으로 감탄사를 연발하고 있었던 우리 일행은 이 재미난 뒷이야기에 활짝 웃었지만 한편으로는 '서슬이 시퍼런 감독관의 눈을 피해 과연 그렇게 할 수가 있었을까?' 하는 상식적인 의문이 들기도 했다.

  1층 성전 구경을 마치고, 우리 일행은 2층 갤러리를 구경하기 위해 가이드를 따라 이동했다. 그런데 나는 1층에 있는 아름다운 돌기둥을 조금 더 감상하느라 시간을 지체하는 바람에 그만 일행을 놓치고 말았다. 귀에 꼽은 이어폰에서는 투어 가이드의 안내 목소리가 크게 들렸다가 사라졌다 했는데 성당 안에 있는 거대한 인파 속에서 우리 일행이 어디에 있는지 도무지 찾을 수가 없었다. 나는 이 성당의 구조를 전혀 몰랐던 데다가 1층 다음 구경이 2층 갤러리의 모자이크 감상인 줄 몰랐기에, 본당–내랑–외랑을 빠른 걸음으로 두어 번 왔다 갔다 하면서 일행을 찾느라 진땀을 흘렸다. 혼자서 한참 헤매다가 기다란 내랑의 한쪽 끝에 모여 본당의 측면에 있는 '눈물 기둥(weeping column)'이라 부르는 사각형 돌기둥을 바라보면서 가이드의 설명을 듣고 있는 우리 일행을 간신히 발견했다. 이 눈물 기둥은 한길 높이에 뚫린 동그란 구멍에 엄지손가락을 넣고 나머지 네 손가락을 360도 회전하면서 소원을 빌면 그 소원이 이뤄진다하여 소원 기둥으로도 불리는데, 얼마나 많은 사람이 소원을 비는지 대리석 기둥이 파손되는 것을 예방하기 위해 구멍 주위에 두터운 동판을 둘러 보호하고 있었다. 오늘도 소원 기둥 앞에는 많은 관광객이

소원 기둥(하기아 소피아 성당) 내 차례가 왔을 때, 나는 구멍에 엄지손가락을 집어넣고 나머지 네 손가락을 재빠르게 한 바퀴 돌리면서 '안전한 여행이 되도록 해 주세요.' 하고 소원을 빌었다.

줄을 서서 차례를 기다리고 있었다. 내 차례가 왔을 때, 나는 구멍에 엄지손가락을 집어넣고 나머지 네 손가락을 재빠르게 한 바퀴 돌리면서 '안전한 여행이 되도록 해 주세요.' 하고 소원을 빌었다.

  2층으로 오르는 길은 계단이 아니라 나지막한 기울기의 경사로였다. 2층에는 황후를 비롯한 귀부인을 위한 예배장소가 있었기에 이들이 가마를 타고 오를 수 있도록 계단이 아닌 경사로를 설치한 것이다. 2층에 올라서자 천정에는 온통 황금빛 문양이 가득하여 눈이 부실 지경이었다. 황후의 예배장소인 2층 중앙 발코니를 지나 커다란 통 대리석으로 만든 '천국의 문'을 통과하여 이 성전을 대표하는 비잔틴 모자이크 벽화를 구경하였다.

  천국의 문에서 가장 가까운 벽면에 '간청', 또는 '애원'을 뜻하는 디시스(Deesis)로 불리는 모자이크 성화가 있다. 디시스는 예수의 신성을 나타내는 비잔티움 시대의 정형화된 그림 형식이다. 정면에서 바라봤을 때, 한 손에 성서를 들고 옥좌에 앉아 계신 예수를 중심으로 왼쪽에는 성모 마리아를, 오

(맨위) 황후의 예배장소(하기아 소피아 성당, 2층)
(아래) 2층 황후의 예배장소에서 1층 홀을 내려다 본 모습

천국의 문 하기아 소피아 성당 2층 갤러리의 출입구 역할을 한다.

디시스(Deesis) 간청 또는 애원을 뜻하며 최후의 심판의 날에 예수님에게 인간의 구원을 간청하는 성모 마리아와 세례 요한의 모습을 그린 것이다.

월정사 석탑과 석조인물상 이 한 쌍의 조형물은 가히 '불교의 디시스'로 불릴 만한 것이다.

른쪽에는 세례 요한을 배치하였는데 두 사람은 겸손의 표시로 머리를 살짝 숙인 채 예수를 향해 두 손을 내밀며 탄원하는 자세를 취하고 있다. 또 예수, 성모 마리아, 세례 요한의 신성을 나타내기 위해 황금빛 타일로 광배를 표현했다. 예수 그림 옆에 쓰인 그리스 글자 IC XC는 '예수 그리스도(Jesus Christ)'의 첫 글자이다. 이 그림은 최후의 심판 때 예수님에게 인간의 죄를 사면해 달라고 간청하는 모습을 나타낸 것이다. 이 성상의 모자이크는 1261년에 제작된 것임에도 바로 어제 그린 듯 매우 선명하여 실크로드 동쪽 끝 꼬레아에서 온 호기심 많은 한 여행객을 예수님께서 물끄러미 바라보고 계신 듯했다.

고려의 불화나 불상에서 봤던 광배를 기독교 성화에서도 보게 되니 나는 신성에 대해서 인간이 느끼는 마음이란 고려의 불교나 비잔티움의 기독교나 크게 다르지 않다는 생각이 들었다. 또 애절한 표정으로 예수님에게 인간의 구원을 간청하는 세례 요한의 모습에서 고려 불교의 유산으로 강원도 오대산 월정사에 있는 팔각 구층석탑과 그 앞에 있는 석조인물상이 떠올랐다. 이 조형물은 불법을 수호하는 사파주 범천이 세상의 멸망을 막기 위해서 인간

(왼쪽) 예수님에게 돈 보따리를 바치는 콘스탄티노스 9세와 조예 황후
(오른쪽) 성모 마리아에게 돈 보따리를 바치는 요안니스 2세와 이리니 황후

이 깨달음을 얻을 수 있도록 부처님에게 설법을 간청하는 모습을 나타낸 것이다.(필자의 연구에 의하면 여기서 석탑은 부처님 말씀의 화신[法身]인 비로자나불을 상징한다.) 범천은 오른쪽 무릎을 꿇고 두 손을 한데 모은 공손한 자세로 부처님에게 세 번씩이나 설법을 통한 인간의 구원을 간청하였다. 원죄로부터 벗어남(죄 사함)이 기독교의 구원이라면, 자신의 무지를 깨달음으로써 무지로 인해 빚어지는 윤회의 고통에서 벗어나는 것이 불교의 구원이다.

 2층 갤러리의 또 다른 벽면에는 '전능하신 지배자, 그리스도'에게 돈자루를 바치는 콘스탄티노스 9세 모노마호스 황제와 조예 황후를 그린 황금 모자이크, 아기 예수를 안고 있는 성모 마리아에게 돈자루를 바치는 요안니스 2세 콤니노스 황제와 이리니 황후를 그린 황금 모자이크가 있었다. 나는 이 모자이크를 보았을 때, 이 땅에 오신 예수님의 진정한 메시지인 이웃에 대한 사랑과 가난하고 굶주린 자에 대한 연민은 온데간데없고 돈 보따리를 바치는 모습에서 예수님의 말씀이 현실세계에서 실천운동으로 전개되지 못하고 교회를 중심으로 교리화하면서 타락의 길을 걸었던 중세 기독교의 모습

술탄아흐메트 모스크(블루 모스크) 오스만 제국의 술탄 아흐메트 1세의 지시로 1616년에 세운 건물로 세계에서 가장 아름다운 모스크라는 평가를 받고 있다.

블루 모스크의 세정대와 내부 내부 벽면을 이즈니크에서 생산된 푸른빛을 띠는 도자기 타일로 장식을 했기 때문에 블루 모스크라는 애칭으로 널리 알려져 있다.

이 겹쳐졌다. 그런데 이와 같은 종교의 타락이 과거 중세 기독교에만 국한된 현상이었다고 간단히 치부할 수 없는 것이 오늘날 한국 종교계의 현실일 것이다.

갤러리 구경을 마치고 나오는 길에 과거 지진에 의해서 한쪽으로 살짝 기울어진 돌기둥을 보게 되었다. 원래 지진에 취약한 돌기둥이 쓰러지지 않고 버틸 수 있는 것은 주초석과 돌기둥 사이에 끼워놓은 두터운 납판이 지진 충격에 대한 완충작용을 했기 때문이라 한다. 6세기 비잔티움 제국의 놀라운 건축기술은 대성당 구경을 마치는 순간까지 나를 감탄시켰다.

성당 밖으로 나와 술탄아흐메트 공원을 가로질러 블루 모스크를 구경하러 갔다. 술탄 아흐메트 모스크(Sultan Ahmed Mosque)는 이스탄불의 대표적인 모스크로 세계문화유산으로 지정된 이스탄불 역사지구의 유서 깊은 건축물 가운데 하나이다. 오스만 제국의 제14대 술탄인 아흐메트 1세가 건축가 메흐메트 아아를 시켜 짓게 한 모스크로, 7년이란 긴 공사 끝에 1616년에 완성되었으며 세계에서 가장 아름다운 모스크라는 평가를 받고 있다. 모스크 내부 벽면을 이즈니크에서 생산된 푸른빛을 띠는 도자기 타일로 장식을 했기 때문에 블루 모스크라는 애칭으로 널리 알려져 있다. 블루 모스크는 또 이슬람 사원으로는 유일하게 첨탑이 6개인 사원으로도 유명하다. 모스크는 첨탑이 몇 개인가로 그 모스크의 격을 결정하는데 보통은 2~4개이다. 그런데 아무리 술탄의 사원이지만, 메카의 카바 신전과 첨탑의 개수가 똑같다는 것은 신앙심이 깊은 지역민의 반발을 불러올 수도 있었기에 메카의 모스크에 첨탑 1개를 추가로 설치하여 문제를 해결했다는 얘기가 전설처럼 전해져 내려오고 있다.

우리는 비잔티움 시대에 전차경기장이 있었던 술탄아흐메트 광장 쪽에 난 출입문을 통과하여 사원 마당으로 들어갔다. 이슬람 신도들은 예배 드리러 사원 안으로 들어가기 전에 건물 한쪽에 마련된 세정대에서 손, 얼굴, 발을 깨끗이 씻고 들어간다. 입장료는 무료이지만, 단정한 옷차림에 여자는 입구에서 무료로 제공하는 스카프로 머리카락을 가려야 한다. 우리는 신발을 벗어 나눠준 비닐봉투에 넣고 예배 장소인 사원 내부로 들어갔다. 돔 건축양식으로 지은 성전 내부는 뻥 뚫려 시원한 느낌이 들었고 코끼리 다리와 같이 굵은 4개의 기둥이 중앙의 돔과 건물을 지탱하였다. 편백나무, 튤립, 장미, 과일 문양이 그려진 푸른색과 붉은색 이즈니크 타일로 건물 천정, 기둥과 벽면 구석구석을 아름답게 장식하였는데, 260개의 창에 설치된 스테인드글라스를 통해서 들어오는 은은한 푸른빛 햇살과 어우러져 환상적이면서도 장엄한 광경을 연출하였다. 실내는 지금도 사용되고 있는 예배 공간으로 남자는 중앙 홀에서, 여자는 한쪽에 마련된 예배 장소에서 기도를 드린다.

　무슬림들은 이슬람 교리에 따라서 하루에 여섯 번 기도를 드리는데 그 시간대는 하루에 걸쳐 균등하게 나누어져 있다. 그래서 신자들은 하루에도 끊임없이 유일신 알라를 생각하게 되고 그의 인도와 용서를 간구할 수 있는 기회를 갖게 된다고 한다. 무에진이라 불리는 사람이 터키어로 '에잔(Ezan·아잔)'이라 하는 기도시간을 알리는 노래를 구성지게 부르는데, 이슬람 기도시간은 시계에 맞춰져 있지 않고 태양의 움직임에 따라서 맞춰시기 때문에 에잔을 낭송하는 정확한 시간은 매일매일 바뀐다. 터키에서 이 시간은 국가 종교청에서 안내하고 있으며, 동트기 2시간 전, 동틀 때, 정오, 오후, 해질녘, 하루의 마지막 불빛이 사라지기 직전이다. 오늘 관광 중에도 블루 모스크의 스피커를 통해서 '알라후 아크바르(하느님은 위대하시다)'로 시작하는 에잔을 몇 번인가 들었다. 가까운 곳에서 이 소리를 들으면 귀청을 때리는 큰 소리에 일단 깜짝 놀라게 되는데 우렁차면서도 구성진 가락의 에잔은 나에게 이곳 터키가 이슬람 국가라는 것을 상기시켜주곤 했다.

　오전 구경을 마치고 늦은 점심을 하러 갔다. 터키 도착 후 처음 먹어보는 터키 음식이었다. 블루 모스크의 뒷모습을 볼 수 있는 식당의 3층 테라스에

이스탄불에서 맞이한 첫 점심식사 터키음식은 맛은 매우 좋았지만 대체로 짠 맛이 강했다.

올라 자리를 잡고 스프와 토마토를 곁들인 구운 닭고기와 쌀밥, 난처럼 생긴 빵과 여기에 넣어 먹는 색색가지 양념을 시켰는데 터키음식은 맛은 매우 좋았지만 대체로 짠 맛이 강했다.

  투어 일행 중에는 한국국제협력단(KOICA)에서 실시하는 해외봉사단원으로 뽑혀서 아프리카에서 1년간 봉사활동을 마치고 귀국하는 길에 터키에 들른 중년의 남녀가 있었다. 식사를 하면서 두 분으로부터 봉사활동의 재미난 뒷이야기를 들었다. 내가 어린 시절에는 해외 원조를 받는 나라였는데 중년이 된 지금은 해외 원조와 봉사활동을 하는 나라가 됐으니 뽕나무밭이 푸른 바다로 변했다는 상전벽해는 이를 두고 하는 말일 것이다. 오늘 하루 반나절만 해도 이곳 이스탄불의 광관지에서 한국인을 흔히 볼 수 있었다. 봉사활동이 됐든, 해외여행이 됐든 우리나라의 많은 젊은이들이 해외로 나가 시야를 넓게 키웠으면 하는 바람인데 나라꼴이 날이 갈수록 어지러워져 내 딸아이 세대가 정말 걱정이다.

벽돌 오벨리스크(술탄아흐메트 광장) 정확한 건립 연대는 모르며, AD 10세기경 콘스탄티누스 7세가 재건한 것으로 전해지고 있다. 연필탑 외벽을 덧씌운 청동판은 사라지고 없다.

점심을 마친 우리는 블루 모스크 옆에 있는 술탄아흐메트 광장으로 갔다. 직사각형의 널따란 이 광장은 비잔티움 제국 시대에 길이 500m, 폭 117m의 넓은 면적에 2층 관중석이 있는 초대형 전차 경기장이 있어 '히포드롬(Hippodrome)'으로 불리었으나 지금은 흔적도 없이 사라졌고, 연필처럼 뾰족한 첨탑 2개와 꽈배기처럼 생긴 청동기둥 1개가 일정 간격으로 놓여 있다. 광장의 남쪽 끝에 서있는 '벽돌 오벨리스크'라 불리는 연필탑은 정확한 건립 연대는 모르며 AD 10세기경 콘스탄티누스 7세가 재건한 것으로 전해지고 있다. 높이가 32m인 이 오벨리스크는 벽돌로 쌓고 외벽을 청동판으로 덧씌웠다고 하는데 현재 청동판은 사라지고 없으며, 제4차 십자군의 침입 때 청동을 녹여 동전을 만드는데 사용했다는 이야기만 전해지고 있다.

광장 가운데에 있는 꽈배기 모양의 청동기둥은 '뱀 기둥(Serpent Column)' 또는 '델피의 세발 의자(Delphi Tripod)'라고 불리는 것으로 BC 479년에 일어난 제2차 페르시아 전쟁 때 최후의 플라타이아이 전투에서 승리한 그리스 동

(왼쪽부터) 고대 그리스 델피신전의 뱀 기둥, 뱀 기둥 상단 복원도(자료사진), 이집트 오벨리스크(술탄아흐메트 광장)
뱀 기둥은 원래 그리스 델피의 아폴론 신전 앞에 있었다. 세 마리의 뱀이 서로 몸을 꼬면서 상승하는 모습의 조형미도 뛰어났지만 그 속이 텅 비어 있어 고대 그리스의 주물 기술이 매우 뛰어났음을 알 수 있다.

 맹군이 아폴론 신전 앞에 세웠던 승전 기념탑이며 AD 324년 로마 제국의 콘스탄티누스 대제가 자신의 새 수도인 콘스탄티노플을 장식하기 위해 이곳으로 옮겨온 것이다. 원래 길이는 8m이었지만 머리 부분이 잘려 5m만 남았는데 청동 뱀의 머리 하나는 현재 이스탄불 고고학 박물관에 전시되어 있다. 이 기둥은 세 마리의 뱀이 서로 몸을 꼬면서 상승하는 모습의 조형미도 뛰어났지만 그 속이 텅 비어있는 것을 보았을 때, 나는 기원전 고대 그리스인의 놀라운 주물 기술에 혀를 내둘렀다.

 광장의 북쪽에 세워져 있는 연필탑은 지금부터 3500년 전에 만든 이집트 오벨리스크로, BC 15세기 이집트의 파라오 투트모세 3세가 룩소르의 카르나크 신전에 세운 것으로 재질은 핑크빛 화강암이다. AD 357년에 로마황제 콘스탄티누스 2세가 자신의 재위 20주년을 기념해서 알렉산드리아로 옮겨 놓은 것을 AD 390년 로마의 테오도시우스 1세가 가져와 현재 자리에 대리석 토대 위에 세웠다. 원래 높이는 30m이었으나 운반할 때 손상을 입어 지

예레바탄 지하 저수지(터키, 이스탄불) 이 돌기둥의 대부분은 옛 고대신전에서 가져와 재활용한 것으로 전해지고 있는데 계단을 타고 내려가 보니 과연 염라대왕 하데스가 사는 지하궁전에 내려온 듯 장관이었다.

금은 상단 20m가량만 남았다. 대리석 토대의 4면에는 로마 시대 부조가 새겨져 있다.

  광장 구경을 마치고 길 건너에 있는 '땅에 가라앉은 궁전'이란 뜻의 '예레바탄 사라이(Yerebatan Sarayı)'를 구경했다. 이 지하 저수조는 6세기 비잔티움 제국의 유스티니아누스 1세 때 완공된 것으로 콘스탄티노플의 식수 문제를 해결하기 위해 이곳에서 북쪽으로 19km 떨어진 벨그레이드 숲에서 수도교를 통해 끌어온 물을 저장한 곳으로 '바실리카 시스턴(Basilica Cistern)'으로도 불린다. 지하 저수조의 전체 크기는 길이 140m, 폭 70m, 높이 9m에 이르며 8만 톤의 물을 저장할 수 있다. 아치식 지붕은 가로 12줄, 세로 28열로 이루어진 336개의 대리석 기둥으로 지탱되고 기둥 사이 간격은 4.9m이다. 기둥의 주두는 주로 이오니아식과 코린트식으로 되어 있다. 이 돌기둥의 대

메두사 기둥받침(예레바탄 지하 저수지) 신앙심이 돈독한 유스티니아누스 비잔티움 황제가 신화시대의 종말을 선언하기 위해 고대 그리스·로마시대에 걸쳐 시민들이 일종의 부적처럼 널리 사용하던 메두사 머리를 어느 신전에서 가져다 일부러 보란듯이 돌기둥 받침대로 사용했다는 전설 같은 이야기가 전해져 내려온다.

부분은 옛 고대신전에서 가져와 재활용한 것으로 전해지고 있는데 계단을 타고 내려가 보니 과연 염라대왕 하데스가 사는 지하궁전에 내려온 듯 장관이었다. 저수조 바닥에는 물이 일정 높이로 차 있고 물속에는 놀랍게도 팔뚝만한 물고기들이 유유자적 노닐고 있었다. 저수조 위에 설치한 나무다리를 따라 이동하면서 이곳 돌기둥 가운데 특별한 이름이 붙여진 돌기둥을 찾아갔다. 그것은 헤라클레스의 올리브 몽둥이를 닮은 '헤라클레스' 돌기둥, 수많은 눈 문양이 새겨진 '암탉의 눈' 돌기둥, 메두사 머리 받침대가 있는 '메두사' 돌기둥이었는데 메두사 머리가 받침대로 사용된 돌기둥은 저수지 끝부분에 있었다. 지하 저수지에 쌓인 진흙을 치우다 발견되었다는 메두사 얼굴 하나는 거꾸로 뒤집힌 상태로, 또 다른 하나는 옆으로 누운 상태로 바닥에 놓여있었고 이 위에 얹힌 굵직한 돌기둥이 마치 메두사 얼굴을 짓누르는 듯해서

터키 중앙우체국(PTT) (터키, 이스탄불) 오스만 제국 말기인 1840년에 세워진 고풍스런 건물이다.

나는 메두사가 애처롭게 생각되었다. 이 메두사 돌기둥에 얽힌 재미나면서 슬픈 이야기가 다음과 같이 전해지고 있다. 그것은 지하 저수조 건설을 명령한 신앙심 돈독한 유스티니아누스 대제가 신화시대의 종말을 선언하기 위해 고대 그리스·로마 시대에 걸쳐 시민들이 일종의 부적처럼 널리 사용하던 메두사 머리를 이느 신전에서 가져다 일부러 보란듯이 돌기둥 빗침대로 사용했다는 전설 같은 이야기였다.

어두운 지하 저수조의 출구로 나오니 바로 눈앞에 하기아 소피아 성당 지붕이 보이고 눈에 익은 거리 풍경이 나타났다. 이곳은 내가 묵게 될 호텔에서 불과 100m가량 떨어진 곳이어서 갑자기 바뀐 주변 환경에 나는 약간 얼떨떨했는데, 이는 마치 '백 투 더 퓨처' 영화의 한 장면처럼 내가 타임머신을 타고 1500년 전 비잔티움 제국에 잠시 머물러 있다 갑자기 현대 이스탄불로 툭 튀어 나온 듯 묘한 느낌이 들었다.

우리 일행은 오늘 투어의 출발지였던 호텔에 들러 잠시 쉬다가 갈라타 다리 근처에 있는 이집션 바자르를 구경하러 길을 나섰다. 에미뇌뉘로 가는 트

이스탄불 기념엽서 첫 여행지였던 이스탄불에 머무는 동안 딸아이에게 기념엽서를 보내려고 구입했지만 우표를 구입하지 못해 결국 부치지 못했다.

램 전찻길을 따라 내려가다 어느 옆길로 접어드니 1840년에 세워져 175년의 역사를 자랑하는 고풍스러운 터키 중앙우체국(PTT)이 나타났다. PTT는 Posta Telgraf Telefon(우편·전신·전화)의 첫 글자만 딴 약자이며, 현재는 우리나라처럼 통신 부문은 분리되어 민영화되었고 전신과 우정업무만 담당하고 있다고 한다. 조금 전 구경했던 예레바탄 지하 저수조의 기념품 판매소에서 이스탄불 기념엽서를 한 세트 사서 호텔에 잠시 머물 때 딸아이에게 엽서를 보내려고 몇 줄 끄적거렸다. 길거리에 우체국이 보이면 우표를 붙여 보내려고 등에 멘 작은 배낭에 넣어 가지고 왔지만 일행과 떨어져서 나 혼자 PTT에 들를 수는 없어서 그냥 지나칠 수밖에 없었다. 어쩌면 이 엽서는 내가 우편배달부가 돼서 딸아이에게 직접 전달하게 될지도 모르겠다는 생각이 들었다.

한참을 걸어 '예니 자미(Yeni Camii)'라 불리는 모스크에 도착하였다. 터키어 예니 자미는 영어로 '뉴 모스크(New Mosque)'란 뜻으로 갈라타 다리 남쪽 끝에 있어서 눈에 매우 잘 띄기 때문에 이스탄불의 유명한 랜드마크 건축물

예니 자미(건물 뒷면) 갈라타 다리 남쪽 끝에 있어서 눈에 매우 잘 띄기 때문에 이스탄불의 유명한 랜드 마크 건축물이다.

이다. 이집션 바자르는 예니 자미 바로 옆에 있었다. 이 시장은 처음에는 '새 시장'이라고 불리다가 이집션 바자르(터키어: Mısır Çarşısı·므스르 차르쉬)라고 불리게 되었는데 이는 1660년 이 건물을 지을 때 오스만 제국의 이집트 속주에서 비용을 댔기 때문이다. 시장 건물은 원래 뉴 모스크의 부속 건물로 지은 것으로 건물을 가게로 빌려주고 여기서 나오는 임대료 수입으로 모스크 건물을 유지하고 보수하는 데 사용했다고 한다. 또 이 시장에서 실크로드를 따라 동방에서 온 향신료가 거래되었기 때문에 '스파이스 바자르', 즉 향신료 시장으로도 불린다. 시장에 들어가 둘러봤더니 각종 향신료와 더불어 허브와 차를 수북이 쌓아 놓고 파는 가게가 많이 있었다. 이 밖에도 색색가지 말린 과일을 파는 가게, 로쿰이나 시리얼 바를 파는 과자 가게, 갖가지 싱싱한 과일을 파는 가게, 예쁘장한 그릇을 파는 가게가 엄청 많아서 보는 것만 해도 눈이 즐거웠다. 한 시간가량 시장의 이곳저곳을 구경하면서 유명한 터키 애플 티와 후추 통을 몇 개 샀다.

이집션 바자르 구경을 마치고 우리 일행은 골든 혼을 가로지른 갈라타 다리를 건너 신시가지에 있는 갈라타 타워로 향했다. 갈라타 다리 위에서 바라

이집션 바자르 실크로드를 따라 동방에서 온 향신료가 거래되었기 때문에 '스파이스 바자르', 즉 향신료 시장으로도 불린다.

갈라타 다리와 북쪽 이스탄불 신시가지 풍경(위)과 갈라타 다리 남쪽의 이스탄불 구시가지(쉴레이마니예 자미) 풍경
갈라타 다리 위에서 바라다 본 골든 혼의 바닷물은 눈이 시릴 정도로 푸르렀고 다리 한쪽 난간에는 세월을 낚는 낚시꾼이 한 줄로 길게 늘어서서 낚싯대를 드리웠다.

이스티크랄 역의 튀넬 신시가지 중심인 탁심 광장 일대를 구경하려는 관광객이 즐겨 이용하는 유서 깊은 지하철로 우리가 방문한 2015년이 이 철도를 놓은 지 140년이 되는 해였다.

다 본 골든 혼의 바닷물은 눈이 시릴 정도로 푸르렀고 다리 한쪽 난간에는 세월을 낚는 낚시꾼이 한 줄로 길게 늘어서서 낚싯대를 드리웠다. 낚시를 드리운 한곳에는 갈매기 떼가 어지럽게 날고 있었고, 다리 양끝 선착장에서는 보스포루스 해협 관광선이 쉴 새 없이 들락날락했다. 갈라타 다리를 지나는 수많은 차량과 트램, 다양한 인종의 관광객을 보고 있으니 이스탄불은 가히 축복받은 국제도시라는 생각이 들었다. 갈라타 다리를 거의 다 건널 즈음 카라쾨이 부두가 내려다보였는데 투어 가이드는 이곳 노상에서 파는 고등어 케밥이 맛이 있고 가격도 싸다고 알려줘 우리 부부는 오늘 투어를 마치고 돌아오는 길에 맛을 보기로 했다.

갈라타 다리 북단의 카라쾨이 역에서 이스티크랄 역까지 딱 한 정거장을 운행하는 튀넬(Tünel) 열차를 탔다. 이 열차는 이스트크랄 거리 끝에 신시가지의 중심인 탁심 광장 일대를 구경하려는 관광객이 즐겨 이용하는 유서 깊은 지하철로 우리가 방문한 2015년이 이 철도를 놓은 지 140년이 되는 해였

이스탄불의 수제 비누 비누갑 뚜껑에 인쇄된 오스만 제국의 전통문양이 매우 인상적이다. 이 문양은 오스만 제국의 황궁이었던 톱카프 궁전의 황실에서 볼 수 있다.

다. 장난감처럼 예쁘장한 열차는 한 량짜리였고 철로도 단선이었는데 양쪽 역에서 "따르르릉" 하는 출발 신호가 커다랗게 울리면 두 열차가 동시에 출발했다. 카라쾨이 역에서 이스티크랄 역까지는 완만한 언덕길이며, 단선 철로에서 열차 충돌을 막기 위해 중간에 Y 자로 갈라졌다 다시 합쳐시는 짧은 구간이 있어 이곳에서 두 열차가 스릴 넘치게 교차했다.

갈라타 타워로 진입하는 골목길 양쪽에는 카페, 레스토랑, 화장품 가게, 아트 갤러리와 같은 예쁘장한 가게가 많이 있었는데 투어 가이드가 이곳 비누가게에서 파는 수제 비누가 물건도 좋고 가격도 싸다고 알려줘서 타워 구경을 마치고 숙소로 돌아가는 길에 들러 선물용으로 몇 개 구입했다. 알루미늄 뚜껑에 그려진 터키 전통타일 문양과 아야소피아 성당, 블루 모스크 그림이 있는 비눗갑이 상당히 예뻐 마음에 들었다.

갈라타 타워는 신시가지를 대표하는 명소로 1348년에 세워진 로마네스크 양식의 탑이다. 이 탑의 높이는 지붕 꼭대기 장식물을 제외하면 63m로 건축 당시에는 이스탄불에서 가장 높은 건물이었다. 이 탑은 6세기 초 비잔티움 제국이 세웠던 골든 혼 방어용 '대탑(Great Tower)'이 제4차 십자군에 의해 1203년에 파괴되자 이를 대체하기 위해서 제노아인들이 세운 것이다. 비잔티움 제국과 무역을 했던 제노아공국 사람들은 자신들이 사는 갈라타 지역을 방어하기 위한 성벽에 탑을 세웠는데 그들은 이 탑을 '그리스도의 탑(Tower of Christ)'이라 불렀다. 탑의 용도는 골든 혼에 있는 항구를 지키기 위한 감시탑이었으며 오스만 제국이 콘스탄티노플을 점령했을 때 잠시 감옥으로 사용되다가 나중에는 도시의 화재 감시탑으로 사용되었다.[5]

오늘 투어는 갈라타 타워 옆에서 탑에 얽힌 역사를 듣는 것으로 끝마쳤다. 9월 초 이스탄불 한낮의 날씨는 강력한 태양으로 인해 후끈했다. 우리 일행은 가이드에게 감사의 말을 전한 다음 서로 작별인사를 하고 헤어졌다. 갈라타 타워 입구에는 관광객이 길게 줄을 서 있어 구경을 망설이게 만들었다. 그러나 구경보다도 더위에 지친 몸과 입안의 갈증을 해소하는 것이 급했기에 뭐라도 시원한 것을 한잔 마시면서 생각해 보기로 하고 근처에 있는 석류 즙을 파는 가게에 들렀다. 가게 주인장이 압착기에 석류 한 개를 넣고 강하게 압착하면 새빨간 석류 즙이 토출구로 흘러나오면서 플라스틱 컵을 한가득 채웠다. 한국에서는 흔한 과일이 아닌데다 새빨간 과즙이 맛있어 보여 가게로 들어가 주문했다. 그러나 나의 기대와 달리 표면에 거품이 살짝 인 석류 즙은 너무나 시큼해서 간신히 목 안으로 넘길 수 있었다. 우리 부부는 갈라타 타워에 올라가 보기로 하고 줄을 섰다.

탑 바깥에서 20분 가까이 기다린 끝에 입장료 10리라를 내고 표를 산 다음 엘리베이터에 올라탔다. 10층에서 내려 계단을 따라 1층을 더 올라가니 카페

---

[5] 이스탄불 역사지구에 있는 유적(하기아 소피아, 술탄아흐메트 모스크, 술탄아흐메트 광장의 유적, 예레바탄 지하 저수조)과 갈라타 타워에 대한 설명은 위키피디아에서 발췌 인용하였다.

이스탄불 신시가지의 갈라타 타워

테리아가 있었고 실내에서 발코니로 나갈 수 있는 출입문이 있었다. 두 사람이 간신히 교차할 수 있는 발코니에는 관광객으로 가득 차 발걸음을 옮기기가 힘들 정도였다. 앞사람 뒤통수를 바라보면서 시계 방향으로 천천히 발걸음을 옮기자 눈앞에 골든 혼과 보스포루스 해협이 펼쳐졌다. 이곳에서 바라보는 이스탄불의 파노라마 경치는 숨이 멎을 만큼 환상적이었다. 왼쪽으로는 골든 혼, 보스포루스 해협, 마르마라 바다가 서로 만나고 있고 해협 너머로 아시아 지역이 보였다. 바로 정면에는 천년 동안 비잔티움 제국의 수도였던 콘스탄티노플, 즉 이스탄불 구시가지가 펼쳐

석류 가게 나의 기대와 달리 표면에 거품이 살짝 인 석류즙은 너무나 시큼해서 간신히 목 안으로 넘길 수 있었다.

졌는데 보스포루스 해협에 가까운 맨 왼쪽부터 오른쪽으로 톱카프 궁전, 하기아 소피아 성당, 블루 모스크가 차례로 보였다. 그야말로 그림엽서 같은 풍경이었다. 12시 방향으로 이동하니 우리가 아까 건너왔던 갈라타 다리가 보였고, 그 오른쪽에는 사장교인 메트로 다리와 아타튀르크 다리, 그리고 메트로 다리 너머에는 이스탄불에서 가장 큰 모스크인 쉴레이마니예 모스크가 보였다. 여기서 2시 방향으로는 골든 혼 안쪽이 보였다. 갈라타 타워는 좁은 발코니에 너무 많은 관광객이 몰려 움직이기가 어려웠던 점만 빼고는 360도 돌아가면서 이스탄불의 명소를 바라다 볼 수 있는 최고의 장소였고 오랫동

갈라타 타워에서 바라본 풍경 (위에서부터 차례로) 이스탄불 구시가지와 아시아 지역과 메트로 다리와 쉴레이마니에 자미 주변, 갈라타 다리 북쪽 카라쾨이 선착장 입구

고등어 케밥 올리브 오일을 친 야채와 구운 고등어가 들어간 케밥에서 고등어 특유의 생선 비린내가 살짝 풍겼다. 터키 여행의 별미로 한두 번은 먹어볼 만하다.

안 줄서서 기다렸던 지루함을 충분히 보상해 주고도 남았다.

　이렇게 터키에서 맞이한 여행 첫날, 유서 깊은 역사도시 이스탄불과 감동 어린 첫 만남을 마쳤다. 내일은 또 어떤 모습의 이스탄불을 보게 될지 기대감을 갖으면서 호텔로 향하였는데 이 근처 이스티크랄 거리 끄트머리에 있는 탁심 광장에 가보지 못한 것이 지금도 못내 아쉽게 생각된다. 숙소로 돌아가는 길에 고등어 케밥을 파는 카라쾨이 부둣가로 발걸음을 옮겼다. 노점에서 파는 케밥 가격은 8리라였다. 아내는 굉장히 맛있다고 먹었지만 나는 올리브 오일을 친 야채와 구운 고등어가 들어간 케밥에서 고등어 특유의 생선 비린내가 살짝 풍겨서 터키 여행의 별미로 한두 번은 먹겠지만 오늘 우리를 안내한 투어 가이드처럼 고등어 케밥에 푹 빠져 무려 석 달씩이나 이걸 먹지는 못할 것 같았다.

신화에서 신앙으로, 삼지창 주인이 바뀌다

9월 1일 터키 이스탄불에 도착한 첫날 아침에 아야소피아 박물관을 구경했다. 놀랍도록 화려하고 웅장한 아야소피아 성전의 측면에 있는 네모난 기둥에는 재미난 문양을 새긴 거무튀튀한 판석이 부착되어 있었다. 그 문양의 내용은 삼지창을 한가운데 세워두고 돌고래 두 마리가 허리를 한껏 휜 자세로 배와 꼬리를 서로 맞댄 모습이었다. 잘 알다시피, 그리스 신화에 등장하는 신들은 반드시 자신을 나타내는 상징물과 상징동물이 있다. 신들의 왕이며 천둥과 벼락의 신인 제우스의 싱징물은 번개이고 상징동물은 독수리와 황소이다. 제우스의 딸이자 지혜, 직조, 가내수공업, 평화와 전쟁의 신인 아테나 여신의 상징물은 투구, 창, 아이기스 방패이고 상징동물은 올빼미이다. 제우스의 형으로 바다의 신인 포세이돈의 상징물은 삼지창이고 상징동물은 돌고래이다. 아야소피아 성당의 사각 돌기둥을 장식한 문양은 분명 포세이돈의 상징물처럼 보이기에 현재 대부분의 투어 가이드는 이 문양을 가리키며 기독교 대성전 공사에 강제 동원된 백성들이 황제를 골탕먹이기 위해 바다의 잡신을 새긴 대리석 판을 감독관 몰래 벽면에 부착한 것이라 설명하곤 한다.

그런데 나는 이와 거의 비슷한 문양을 터키 여행을 마치고 다음 여행지로

아포스트레스 교회(그리스 아테네) 11세기 초에 지어진 이 교회는 비잔티움 시대 아테네에 세운 가장 오래된 교회이다. 교회 내부는 비잔티움 제국의 기독교 프레스코 성화로 가득차 있다.

들렀던 그리스 아테네의 아크로폴리스 언덕 아래에 있는 아포스트레스 교회(Church of the Holy Apostles)에서 발견하였다. 11세기 초에 지어진 이 교회는 비잔티움 시대 아테네에 세운 여러 교회 중에서도 가장 오래된 교회이다. 아담한 크기의 비잔티움 양식의 교회 앞에는 기다란 석축이 있었고, 이 석축 바로 앞에 삼지창과 돌고래 문양이 새겨진 스틸리(stele)라고 불리는 대리석 비석이 세워져 있었다. 여기에 새겨진 문양은 하기아 소피아 성당에서 본 그것과 약간 달랐는데 똑바로 세운 삼지창을 돌고래 한 마리가 몸을 두 번 비틀어 감고 있는 모습이었다. 나는 이것을 보는 순간 하기아 소피아 성당의 삼지창과 돌고래 문양이 포세이돈을 상징하는 것이 아닐 수도 있겠다는 생각이 들었다. 왜냐하면 11세기 초에 이 자그마한 교회를 지을 당시, 또 다시 비잔틴 황제를 골려주기 위해 이런 문양이 새겨진 비석을 설치했다고는 도저히 상상하기 어려웠기 때문이다.

삼지창과 돌고래 문양(아포스트레스 교회) 스틸리라고 불리는 대리석 비석에는 똑바로 세운 삼지창을 돌고래 한 마리가 몸을 두 번 비틀어 감고 있는 문양이 새겨져 있다.

고대 그리스 동전 (왼쪽 : 앞면) 포세이돈, (오른쪽 : 뒷면) 삼지창과 돌고래

여행을 마치고 나서 인터넷 검색을 통해서 포세이돈을 상징하는 삼지창과 돌고래가 기독교 신앙과 어떤 연관이 있는지를 찾아보았다. 포세이돈은 그리스 신화에 나오는 바다, 지진, 돌풍의 신이다. 로마신화에서는 넵투누스(Neptūnus)라고 불렸고, 영어로는 넵튠(Neptune)이라고 부른다. 아버지 크로노스와 어머니 레아 사이에 태어났으며, 제우스, 하데스, 데메테르 등과 형제지간이다. 올림포스 12신의 첫 번째 세대에 속하며 돌고래, 물고기, 말, 소가 대표적인 상징물이다. 주로 삼지창(트리아이나)을 들고 물고기나 돌고래 떼와 함께 긴 머리카락과 수염을 날리면서 파도를 타는 모습으로 묘사되며, 힘으로 치면 제우스 신 다음으로 세다.[6]

그런데 포세이돈의 상징성은 이후에 기독교가 전파되면서 예수로 바뀌게 된다. 제자를 가르치는 예수를 일컬어 '사람을 낚는 어부(fishers of men)'로 여겼는데 삼지창엔 이런 뜻이 담겨 있다. AD 313년 콘스탄티누스 대제의 기

---

[6] 위키백과에서 인용하였다.

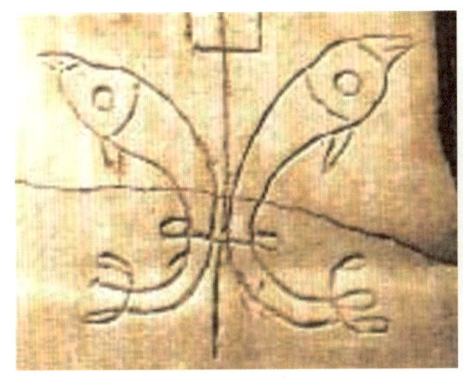 

초기 기독교 심볼 (왼쪽) 삼지창과 돌고래, (오른쪽) 닻과 물고기

독교 공인 이전의 기독교인들은 박해받을 것이 두려워서 자신이 기독교인이라는 것을 감추려고 했으며 서로에게 자신을 물고기, 돌고래, 혹은 닻으로 나타냈고 나중에는 삼지창으로도 표현했다고 한다. 이 삼지창은 일종의 위장된 십자가라고 볼 수 있는데 여기에는 '사람을 낚는 어부'란 뜻을 내포하고 있다. 지중해 연안의 주민들은 돌고래를 바다에 빠진 사람을 구해주는 포유동물로 여겼고, 항해 중에 돌고래가 배의 항적을 쫓아 솟구치며 따라오는 것을 보게 되면 안전하고 성공적인 항해를 암시하는 좋은 징소로 여겼다고 한다. 따라서 기독교인들이 예수 그리스도를 인간의 친구이자 수호자인 돌고래로 표현하는 것은 그리 놀라운 일이 아니다.[7] 이제 비로소 확실하게 알게 되었다. 하기아 소피아 성전에서 본 삼지창과 돌고래 릴리프는 포세이돈이 아니라 예수를 상징하는 것이었다. 신화의 시대에서 신앙의 시대로 바뀌니 상징물의 주인도 바뀌었다. 삼지창과 돌고래의 원소유주였던 포세이돈으로서는 무척 억울했을 것이고, 하루아침에 바뀌어 버린 세상인심에 대해 매우 섭섭해 했을 것 같다.

[7] 삼지창–돌고래 문양과 기독교 신앙간 연관성은 seiyaku.com에 소개된 "Trident Cross"를 참고하였다.

오스만 제국의 영광과 몰락의 흔적을 더듬다

톱카프 궁전 / 오리엔트 익스프레스 / 마르마라이 해저터널 / 미흐리마 술탄 모스크
돌마바흐체 궁전 / 쉴레이마니예 자미 / 미마르 시난 카페

이스탄불에 도착한 지 이틀째 되는 날 로맨틱 투어라 불리는 여행사 단체 관광을 하였다. 오늘의 관광안내 역시 어제 있었던 클래식 투어를 담당했던 예쁜 한국인 가이드가 해주었다. 오늘 관광지는 오스만 제국의 영광과 몰락의 자취가 남아있는 황궁 두 곳(톱카프 궁전, 돌마바흐체 궁전)과 이스탄불의 명소(오리엔트 익스프레스, 마르마라이 해저터널, 미흐리마 술탄 모스크, 보스포루스 해협)를 구경하는 것이었는데, 저녁에는 희망자에 한해서 야간 투어가 후식으로 주어졌다. 야간 투어는 구시가지의 미마르 시난 카페에서 쉴레이마니예 자미(Suleymaniye Camii)와 갈라타 다리 주변의 야경을 감상하는 것이었다.

우리 일행은 오전 9시에 숙소에서 가까운 톱카프 궁전을 보기 위해서 에미뇌뉘 역 방향으로 내려갔다. 얼마 후 길 옆의 육중한 성문 안으로 들어가 언덕길을 따라 올라가니 카키복 차림에 방탄조끼를 착용한 터키 군인 두 명이 보초를 서고 있는 출입문이 나타났다. 이 문을 지나 조금 더 올라가니 광장처럼 넓고 플라타너스 나무가 줄지어 서있는 톱카프 궁전의 제1정원이 나타났다. 나중에야 알았지만 우리는 '제국의 문(Imperial Gate)'이라 불리는 톱카프 궁전의 제1문(정문)을 통해서 제1정원으로 들어간 것이 아니라 일종의 샛

이스탄불 고고학 박물관 입구 우리 일행은 제국의 문이라 불리는 톱카프 궁전의 제1문을 통해서 궁전으로 들어가지 않고 일종의 샛길인 이스탄불 고고학 박물관 입구를 통해서 들어갔다.

길인 이스탄불 고고학 박물관 옆길로 해서 들어간 것이었다.

톱카프 궁전은 아야소피아 성당이 있는 이스탄불 구시가지의 끝자락, 즉 마르마라 해, 골든 혼, 그리고 보스포루스 해협이 만나는 지점에 세운 옛 오스만 제국의 황궁으로 제국의 624년 치세 기간 중 거의 400년간(1465~1856) 술탄의 궁전으로 사용된 곳이다. 비잔티움 제국의 수도였던 콘스탄티노플을 점령한 술탄 메흐메트 2세는 이곳에 궁전을 새로 만들고 현재 이스탄불 대학교가 있는 베야지트 광장에 있던 '옛 궁전(Eski Saray·에스키 사라이)'과 구별하기 위해 '새 궁전(Yeni Saray·예니 사라이)'이라고 불렀다. 그러나 지역 주민들은 정문 바깥에 콘스탄티노플을 함락시켰을 때 사용했던 거대한 대포가 전시되어 있었기에 19세기 이후 이 궁전을 '대포 문'이란 뜻의 톱카프라 불렀다.

400년간 톱카프 궁전은 오스만 제국의 행정, 교육, 문화 중심지이자 황실의 거주지였다. 이 곳에는 황제를 위한 건물과 정원뿐만 아니라 공무원과 군

톱카프 궁전의 제1정원 제1정원은 면적도 넓고 수목이 매우 아름다운데다 입장료 없이 들어올 수 있어서 이스탄불 시민들이 공원처럼 사용하는 장소이다.

대를 훈련시키는 학교, 기숙사, 도서관, 심지어 모스크까지 있다. 1856년 술탄 압뒬 메지드 1세가 이스탄불 최초로 유럽 스타일로 지은 돌마바흐체 궁전으로 황실을 옮긴 이후 톱카프 궁전에는 제국의 보물실, 도서관 그리고 화폐 제조국만 남게 되었다. 궁전이 처음 지어졌을 때 이곳의 거주 인구는 700~800명 정도에 불과했으나 수 세기가 지난 후 평상시에는 5천 명 정도, 행사 때는 1만 명까지 거주했는데 이 인원의 대부분은 황실 친위대인 예니체리 보병이었고 이들은 궁전의 제1정원에 주둔했다고 한다. 톱카프 궁전은 1924년 터키공화국 초대 대통령인 아타튀르크의 지시에 의해 박물관으로 용도 변경되어 일반에게 공개되었고, 1985년 유네스코 세계문화유산으로 지정되었다.[8]

제1정원은 면적도 넓고 수목이 매우 아름다운데다 입장료 없이 들어올 수 있어서 이스탄불 시민들이 공원처럼 사용하는 장소였다. 제1정원은 예니체

---

[8] 톱카프 궁전 설명은 위키피디아와 톱카프 궁전 박물관 홈페이지에서 발췌 인용하였다.

오스만 제국의 군악대, 메흐테르(1720년) (자료 사진) 세계 최초의 근악대로 알려진 메흐테르는 위풍당당한 모습과 힘차고 다이내믹한 리듬이 특징으로 오스만 제국이 유럽을 침공했을 때 유럽인들에게 강렬한 인상을 남겼다.

리 궁중이라 불리기도 하는데 터키어로 예니(yeni)는 '새로운'이란 뜻이고 체리(çeri)는 '군인'이란 뜻이다. 새로운 보병부대 예니체리는 유목민 출신인 튀르크인들이 영토를 확장하는 과정에서 성을 공략하려면 주력인 기마병 이외에 잘 훈련된 보병이 필요하다는 것을 깨닫게 되어 14세기에 창설된 오스만 제국의 최정예 보병부대이자 술탄의 근위대였다. 이들은 수도였던 이스탄불이나 주요 거점 도시에 배치되어 치안이나 소방을 담당했고 전쟁이 나면 가장 앞장서서 전투를 하여 용맹을 떨쳤다. 그러나 오스만 제국 말기에 이르면 예니체리는 이미 유럽의 보병에 비해 낡은 군대가 되어 버렸고, 유럽식 군대로 개혁을 시도하려는 술탄을 강제 폐위시키거나 심지어 살해를 하는 등 개혁에 저항하다가 결국 해체되었다.

투어 가이드의 유적 설명을 듣기 위해 귀에 꽂은 이어폰을 통해서 밝고 경쾌하면서 빠른 박자의 피아노 선율이 들렸다. 나는 음악에 대해 문외한이지만 많이 들어봤던 귀에 익은 선율이었다. 가이드가 곡명을 맞춰보라고 퀴즈를 냈지만 일행 중 한 명도 맞추지를 못했는데 이 곡은 다름 아닌 모차르트의 '터키행진곡'이었다. 오스만 제국은 세계 최초로 군대에 군악대를 편성한 국가로 널리 알려져 있다.(그러나 고구려 안악3호분 벽면에 그려진 철갑기병의 대행렬도에 타악기(북, 종)와 관악기(소, 각)를 들고 행진하는 군악대가 등장한다. 비록 군악의 전승이 끊겼지만, AD 357년에 만든 고분에 등장하는 것으로 보아 적어도 기록상으로는 고구려가 세계 최초로 군악대를 편성했을지도 모른다.) 오스만 군악대를 메흐테르(Mehter)라고 부르는데, 예니체리 부대에 소속된 메흐테르는 위풍당당한 모습과 힘차고 다이내믹한 리듬으로 오스만 제국이 유럽을 침공했을 때 유럽인들에게 강렬한 인상을 남겼다. 크고 작은 북, 나발과 트럼펫, 그리고 종과 심벌즈 소리가 잘 어우러진 메흐테르의 군악이 18세기 후반부터 19세기 초에 걸쳐 오스트리아 빈을 중심으로 유럽에 널리 알려지게 되었고 이에 영감을 얻은 모차르트와 베토벤은 터키행진곡을 작곡했다. 이밖에도 커피 마시는 풍습을 비롯한 여러 분야에서 터키 스타일을 모방하려는 붐이 유럽에서 일어났다. 이곳 제1정원의 왼쪽에는 비잔티움 제국의 성상파괴운동 시기에 건축되어 건물 내부에 성상의 모자이크가 전혀 없는 하기아 이레네 성당이 제국의 문 바로 옆에 있고, 이어서 조폐국 건물, 이스탄불 고고학박물관, 파빌리온이 배치되어 있다. 오른쪽에는 입장권 판매소와 사형 집행인의 샘이 있다. 이 샘은 사형 집행인이 죄수를 참수한 다음 칼과 손에 묻은 피를 닦는 데 사용했다고 하는데 궁정에 이런 음산한 시설물이 있다는 게 다소 의외였다.

　제2정원은 '경배의 문(Gate of Salutation)'이라 부르는 성문을 통해서 들어가게 되는데 이 문은 정복자라 불린 술탄 메흐메트 2세에 의해 세워진 것으로 16세기말 술탄 무라트 3세 때 새롭게 단장되었다. 이 문은 흔히 '예절의

(왼쪽부터 시계방향으로) 1. 톱카프 궁전의 사형 집행인의 샘   2. 경배의 문(톱카프 궁전의 제2정원으로 들어가는 정문)
3. 정의의 탑과 디반 건물(제2정원)   4. 톱카프 궁전의 디반 내부(제2정원)

주방 궁전(제2정원) 오스만 최고의 건축가 미마르 시난이 설계한 주방 건물로, 우리나라 경복궁과 비교하면 왕실 음식을 장만하던 궁중부엌인 소주방에 해당한다. 현재는 도자기 전시관으로 사용되고 있다.

문'이라 번역되지만 술탄을 제외한 신하들은 이 문 안으로 들어가려면 말에서 내려야 했기에 예절보다는 경배의 느낌이 훨씬 강하게 다가온다. 문 안으로 들어서면 제3문까지 직선으로 이어진 길 주위로 키 큰 나무가 울창하게 우거져 있어 시원한 느낌을 준다. 정원의 왼쪽에는 하렘으로 통하는 입구와 디반이라 불린 제국의회 건물과 무기 전시실이 있다. 디반 건물의 처마는 아치형 처마받침과 서로 다른 색깔의 아름다운 대리석 기둥이 받치고 있다. 이 건물의 높은 탑은 '정의의 탑(Tower of Justice)'이라 불리는 것으로 술탄 메흐메트 2세 때 탑이 있는 별관으로 세운 것인데 16세기 초 쉴레이만 대제 때 개조되고 확장되었다고 한다. 황제는 이곳에 올라 시가지와 궁전 경치를 감상하기도 했고 아래 디반에서 열리는 대신들의 회의를 창살문을 통해 엿듣기도 했다.

제2정원 오른쪽에는 높다란 굴뚝이 여러 개 세워져 있는 건물이 보였다. 이것은 오스만 최고의 건축가 미마르 시난이 설계한 주방 건물로, 우리나라 경복궁과 비교하면 왕실 음식을 장만하던 궁중부엌인 소주방에 해당한다. 현

지복의 문(톱카프 궁전의 제3정원으로 들어가는 문) 종교적 행사나 술탄의 즉위식과 같은 국가의 중요 행사가 있을 때 이 문 앞에 설치된 옥좌에 술탄이 앉고 이 앞에 도열한 신하로부터 경배를 받았다.

오스만 제국의 술탄 셀림3세 즉위식(1789년) (출처: 위키피디아)

(왼쪽) 술탄의 알현실 입구, (오른쪽) 뒷쪽 모습 이 건물은 15세기에 지어진 것으로 술탄이 총리대신이나 고관을 만나거나 또는 외국의 대사를 맞이하는 용도로 사용되었다. 우리나라 조선 왕실의 경복궁 근정전에 해당하는 건물로 규모는 비록 근정전보다 작았지만 이슬람 풍으로 지은 매우 아름다운 건물이다.

재 이 건물은 도자기 전시관으로 사용되고 있으며, 중국 송나라부터 청나라에 이르는 12,000점의 중국제 도자기와 청나라가 도자기 수출을 일시적으로 금지시켰던 17세기 중엽부터 수입되기 시작한 일본 도자기가 전시되어 있다. 이 전시관은 그 양과 질 면에서 세계 3대 도자기 전시관으로 꼽힌다. 제2정원은 알현실로 연결되는 제3문과 만나는 것으로 끝난다. 이 문은 '지복(행복)의 문(Gate of Felicity)'이라 불리는데, 종교적 행사나 술탄의 즉위식과 같은 국가의 중요 행사가 있을 때 이 문 앞에 설치된 옥좌에 술탄이 앉고 이 앞에 도열한 신하로부터 경배를 받았다.

　지복의 문을 통해 제3정원으로 들어서면 황제의 알현실(Audience Chamber)로 곧바로 이어지는데 이 사각형 건물은 황제의 사적 공간인 제3정원을 감추는 가림막 역할도 한다. 이 건물은 15세기에 지어진 것으로 술탄이 총리대신이나 고관을 만나거나 혹은 외국의 대사를 맞이하는 용도로 사용되었다. 우리나라 조선 왕실의 건물과 비교한다면 경복궁 근정전에 해당하는 건물로서 규모는 비록 근정전보다 작았지만 이슬람풍으로 지은 매우 아름다운 건물이었다. 사각형 건물의 벽채 윗부분을 파란색 넝쿨 문양으로 띠를 둘러

(왼쪽부터 시계 방향으로) 제3정원의 술탄 아흐메트 3세 도서관 정면의 샘, 술탄 아흐메트 3세 도서관, 제3정원 분수대 주변 풍경

산뜻한 느낌이 들었고, 앞으로 튀어나온 널찍한 처마는 무지개 모양의 처마 받침과 대리석 돌기둥으로 지탱하였는데 처마받침의 홍예석은 짙은 갈색과 흰색의 돌이 교대로 배치되어 있고, 이를 받치고 있는 대리석 돌기둥은 색깔과 무늬가 다양하여 시각적 단조로움을 피하면서 건물에 아름다움을 더해주었다. 이곳 톱카프 궁전에 세워진 별채 건물은 대개 이런 풍의 건물이 많았다.

우리는 알현실 구경을 마치고 건물 오른쪽으로 돌아 제3정원으로 들어갔다. 정원은 작은 분수를 중심으로 주변에 조경수가 어우러져 매우 아름다웠다. 정원의 안쪽에는 술탄 아흐메트 3세의 도서관이 있고 예언자 무함마드의 성물 전시관, 기숙사, 보물실, 황실 의상전시실이 정원의 귀퉁이를 빙 돌아가면서 배치되어 있다. 우리는 관광 일정상 보물실과 의상전시실 구경을 생략하고 곧바로 제4정원의 오른쪽에 있는 메치디예 파빌리온(Mecidiye

메치디예 파빌리온에서 바라본 보스포루스 해협과 마르마라 바다 전경 메치디예 파빌리온으로 들어서니 갑자기 눈이 부실 정도로 파란 바다가 눈앞에 펼쳐졌다. 이 정자는 골든 혼, 보스포루스 해협, 마르마라해가 합류하는 지점에 세워져 주변 경치가 환상적이었다.

Pavillion)으로 들어갔다.

제4정원은 톱카프 궁전의 제일 안쪽에 위치해 있다. 이 정원은 세 개의 바다(골든 혼, 보스포루스 해협, 마르마라해)를 내려다볼 수 있는 전망 좋은 위치에 자리 잡고 있어서 황제가 차를 마시면서 경치를 감상하기 위한 다섯 동의 별채 건물이 세워져 있다. 정원의 오른쪽 끝에는 오스만 제국이 멸망의 길로 접어든 19세기 중엽에 세워진 유럽풍의 메치디예 파빌리온이 있다. 서양 건축에서 파빌리온은 본 건물 옆에 바싹 붙여 지은 부속 건물 또는 독립된 별채 건물을 지칭하는 것으로 휴식을 취하기 위한 용도로 사용되며 키오스크(Kiosk)라고도 부른다. 파빌리온 또는 키오스크는 우리말로 '정자'로 번역되기도 하지만 우리네 누정(누각과 정자)은 풍치가 좋은 곳에 사방이 뻥 뚫린 개방형으로 지은 건물이기에 정자로 번역하게 되면 형태와 용도 차이에서 오는 어색한 느낌이 있다. 메치디예 파빌리온으로 들어서니 갑자기 눈이 부실 정도로 파란 바다가 눈앞에 펼쳐졌다. 이곳의 왼쪽으로는 골든 혼의 바다가 보였고, 정면으로는 유럽과 아시아를 잇는 제1대교 아래 보스포루스 해협이 있었으며, 오른쪽으로는 넓게 펼쳐진 마르마라해가 바라다보였는데 세 바다가 서로 연결되면서 장쾌한 파노라마 풍경을 선사하였다. 시간만 허락한다

할례의 방 입구(제4정원) 할례 의식은 유대교와 마찬가지로 이슬람교에서도 몸의 정화를 상징하는 종교의식이다. 할례의 방에서 가장 관심있게 보아야 할 것은 건물 정면에 부착된 흰색 바탕에 청색 문양이 있는 이즈니크 타일이다.

면 이 아래 카페로 내려가 커피를 한잔 마시면서 오랫동안 파란 바다를 바라보고 싶은 생각이 들 만큼 가히 환상적인 경치였다.

 하렘의 출구와 연결되어 있는 제4정원의 왼쪽에는 할례의 방(Circumcision Room), 레빈 파빌리온(Revan Pavillion), 바그다드 파빌리온(Baghdad Pavillion), 그리고 소파 파빌리온(Sofa Pavillion)이 있다. 원래 할례의 방은 오스만 제국의 최전성기인 16세기 초, 쉴레이만 대제가 갈라타 지역이 잘 보이는 장소에 여름 정자로 지은 건물인데 18세기 초, 이곳에서 술탄 아흐메트 3세의 황태자와 아들의 할례 의식이 거행되었기에 할례의 방으로 불리고 있다. 할례 의식은 유대교와 마찬가지로 이슬람교에서도 몸의 정화를 상징하는 종교의식이다. 이 할례의 방에서 가장 중요한 것은 건물 정면에 부착된 흰색 바탕에 청색 문양이 있는 세라믹 타일이다. 이슬람권에서는 청색을 무척 좋아했는데 이 타일은 중국 청화백자의 영향을 받은 것으로 제작 시기가 1529년이며, 약 100년 후에 지어진 레반 파빌리온과 바그다드 파빌리온에 사용

(위) 레반 파빌리온
(아래) 바그다드 파빌리온
레반 파빌리온은 오늘날 아르메니아 공화국 수도인 예레반(Yerevan)을 점령한 것을 기념하기 위해 1636년 건축한 것이고, 바그다드 파빌리온은 1638년 바그다드 점령을 기념하여 지은 건물이다.

된 장식 타일의 원형에 해당한다. 그러나 이 청색 이즈니크 타일은 자기(Porcelain)보다 강도와 치밀성이 떨어지는 도기(Pottery)였다. 자기를 만들려면 질 좋은 고령토와 1300℃의 높은 온도를 유지하면서 환원 분위기를 만들어줄 수 있는 가마 기술이 필요했는데 16세기까지 이 선진기술을 갖고 있는 나라는 전 세계를 통틀어 우리나라와 중국뿐이었다.

 레반 파빌리온은 오늘날 아르메니아 공화국 수도인 예레반(Yerevan)을 점령한 것을 기념하기 위해 1636년 건축한 것이고, 바그다드 파빌리온은 1638년 바그다드 점령을 기념하여 지은 건물이다. 이곳에서 아름다운 골든 혼이 바라다보였다.

 이곳의 세 정자가 에워싸고 있는 가운데 공간에는 장미와 튤립 정원이 있

이스탄불 튤립이 그려진 오스만 이즈니크 타일 튤립의 원산지는 터키이며 현재 이 나라의 국화이다. 수백 가지 품종 가운데 꽃잎이 단검처럼 날렵하게 생긴 이스탄불 품종이 특히 유명하다.

다. 튤립의 원산지는 터키이며 현재 이 나라의 국화이다. 수백 가지 품종 가운데 꽃잎이 예리한 단검처럼 날렵하게 생긴 이스탄불 품종이 특히 유명한데, 이곳 하렘의 방 벽면에도 빨간색 이스탄불 튤립이 그려진 타일을 볼 수 있다. 매년 4월이 되면 한 달간에 걸쳐 이스탄불의 술탄아흐메트 광장, 톱카프 궁전, 귈하네 공원에서 튤립 축제가 열린다. 바그다드 파빌리온 옆 테라스에는 우리나라 창덕궁의 애련정처럼 아담한 크기의 정자가 하나 있는데 바로 이프타르 정자(Iftar Kiosk)이다. '이프타르'란 이슬람 교도가 이슬람 달력으로 9번째 달에 맞이하는 한 달간의 라마단 단식 기간 중에 해가 질 무렵 하루의 단식을 마치고 먹는 저녁 식사를 뜻한다. 이 자그마한 정자는 17세기 중엽 술탄 이브라힘 시대에 세워진 것으로 금으로 도금된 청동 지붕과 지붕 꼭대기에 올려놓은 황금빛 튤립 장식이 매우 인상적이었다. 투어 가이드의 설명에 의하면, 오스만 사람들이 튤립을 좋아했던 것은 튤립 꽃봉오리의 벌어진 모양이 알라를 상징하는 아랍글자 'W'를 닮았기 때문이라고 한다.

이렇게 톱카프 궁전의 정원 구경을 마치고 마지막으로 이 궁전에서 가장 내밀한 장소인 하렘을 구경했다. 하렘은 아랍어로 '금지된'이란 뜻으로 술탄과 술탄의 가족이나 친척 이외에는 접근할 수 없는 황실의 생활공간이다. 우리나라 경복궁과 비교한다면 소주방 주변 지역, 즉 강녕전, 교태전, 자경전과 자선당에 해당한다고 할 수 있다. 하렘을 구경하려면 제2정원의 디반 건물에 있는 매표소에서 별도 입장 티켓을 구입한 다음 가이드의 안내를 받으면서 구경해야 한다. 어디가 어딘지 모를 정도로 이 안에는 약 400개의 방이 미로처럼 얽혀 있는데 중요한 방만 골라서 차례로 구경하고 나면 제4정원의 할례의 방을 거쳐 레반 파빌리온 앞으로 나오게 된다. 하렘은 원래 현재 이스탄불 대학교가 있는 베야지트 광장에 있었던 구 궁전 안에 있었다. 술탄 마흐메트 2세가 신궁전인 톱카프 궁전을 세운 후 약 100년이 지난 16세기말 술탄 무라트 3세 때 이곳에 하렘을 새로 지었으며 16~18세기에 이르는 오랜

정면과 측면에서 바라본 이프타르 키오스크 이 자그마한 정자는 17세기 중엽 술탄 이브라힘 시대에 세워진 것으로, 이프타르란 이슬람 교도가 한 달 간의 라마단 단식 기간 중에 해질녘 하루의 단식을 마치고 먹는 저녁식사를 뜻한다.

시기에 걸쳐 필요에 따라 이런저런 건물이 덧붙여져 현재의 모습이 되었다. 하렘의 여인들은 매우 수준 높은 교육을 받았으며, 대부분의 술탄은 외척세력의 발호를 방지하기 위해서 하렘의 여인과 결혼했다고 한다.

 우리 일행은 제2정원에 있는 하렘의 입구로 들어가 이곳의 경비를 맡았던 흑인 내시의 안뜰(Courtyard of the Eunuchs)을 거쳐 하렘의 중앙부에 있는

하렘으로 들어가는 입구가 있는 디반 건물 하렘은 아랍어로 '금지된'이란 뜻으로 술탄과 술탄의 가족이나 친척이외에는 접근할 수 없는 황실의 생활공간이다. 이 안에는 약 400개의 방이 미로처럼 얽혀 있다.

술탄 어머니의 방(Apartment of the Queen Mother)을 구경했다. 이 방은 술탄의 어머니를 지칭하는 바리데 술탄(Valide Sultan)이 거처하는 곳으로 우리나라 경복궁의 자경전에 해당하는 곳이다. 수많은 궁녀와 술탄의 부인과 애첩이 살았던 하렘에서 그 영향력이 대단했던 바리데 술탄의 방은 2층 높이로 높다란 돔 천정이 있는 사각형 홀과 이 옆에 침실이 함께 붙어 있는 구조였다. 홀의 한쪽 벽면에는 커다란 창을 여럿 내어 빛이 잘 들어오도록 했고 다른 술탄의 방과 달리 유럽풍의 산수화와 문양이 벽면을 장식했다. 또 둥그런 돔 천정에는 포도송이가 주렁주렁 매달린 포도나무 그림이 가득했고, 홀의 한쪽 벽면에는 자개로 장식한 벽장 문이 눈길을 끌었다. 동양화에서는 포도 그림을 자손의 번창을 기원하는 그림으로 해석한다. 동양화 독화법에 의하면 포도송이는 '자손'을 뜻하고 넝쿨은 '만대'를 뜻하여 포도 그림을 '자손만대'로 읽는다. 또 고대 이집트와 이슬람 문명에서 포도 넝쿨은 영생을 상징한다. 유교사상에 의하면 인간은 자손을 통해 영생을 얻는다. 어느 해석을 따르든 돔 천정의 포도나무 그림은 대비마마의 방에 잘 어울리는 그림이라

흑인 내시의 안뜰 하렘의 입구는 이곳 경비를 맡았던 흑인 내시의 방과 안뜰로 시작된다.

술탄 어머니의 방(자료사진)

술탄 어머니의 방 돔 천정에 그려진 포도나무 동양화에서는 '자손만대'를 상징하는 그림이다.

제국의 홀 이 방은 술탄이 유흥을 즐기거나 결혼식이 거행되었던 방이다. 기하학적 문양이 있는 파란색 이즈니크 타일과 중국 청화백자가 눈에 띈다.

는 생각이 든다.

　이곳을 나와 하렘에서 가장 크고 화려한 제국의 홀(Imperial Hall)로 들어갔다. 이 방은 술탄이 유흥을 즐기거나 결혼식이 거행되었던 방이다. 황실의 규모로는 크다고 볼 수 없지만 돔형식의 천정에 샹들리에가 매달려 있고 천정과 벽은 각종 황금빛 문양과 청색 이즈니크 타일로 장식하여 황실의 위엄과 화려함을 충분히 보여주었다. 다음 장소는 이곳에 하렘을 만든 술탄 무라트 3세의 응접실(Privy Chamber of Sultan Murat Ⅲ)이었다. 이 방은 1579년에 지은 것으로 미마르 시난이 설계했다고 전해지는데 하렘에서 가장 오래되고 아름다운 오스만 양식의 방이라 할 수 있다. 방의 크기는 제국의 홀보다 약간 작은 크기로, 돔 천정이 있는 사각형 방의 한쪽 벽에는 마치 술탄의 침상처럼 보이는 캐노피가 거대한 청동화로를 중심으로 왼쪽과 오른쪽에 각 1개씩 대칭으로 놓여 있다. 맞은편의 벽면에는 3단으로 이루어진 수도전과 샘이 있는데 이것의 용도는 정확히 모르지만 술탄의 목소리가 방 밖으로 새 나가지 않도록 소음을 발생하는 장치라고 한다. 또 사방 벽면에는 식물이나

술탄 무라트 3세의 응접실 아래는 수도전과 샘이다.

기하학적 문양이 있는 청색 또는 녹색 타일을 부착했고, 캐노피 지붕 높이의 벽면에는 흰색의 아랍 글자가 적힌 청색 타일로 띠를 둘렀는데 이것은 코란 구절을 이슬람 캘리그래피로 나타낸 것이다.

하렘의 거의 끝자락에 위치한 응접실 구경을 마치고 바로 옆에 붙어 있는 황태자의 처소(Apartments of the Crown Prince)로 이동했다. 이 방은 한 쪽

술탄 무라트 3세의 응접실의 천정과 벽면 장식 하렘에서 가장 오래되고 아름다운 오스만 양식의 방이라 할 수 있다.

벽에 2단으로 창문을 내었는데 위쪽의 이슬람풍 창문에는 꽃꽂이 장식이 화려하게 그려진 스테인드글라스를 달았고, 사방 벽면은 식물과 넝쿨 문양의 이즈니크 타일로 아름답게 장식했다. 이 건물을 황태자의 쌍둥이 건물(Twin Kiosk of the Crown Prince)이라고도 부르는 데서 알 수 있듯이 거의 똑같은 모양의 방 두 개가 17세기 서로 다른 시기에 만들어졌다. 두 방의 차이점이라면 방의 천정 형태로 하나는 원형의 돔으로 되어 있고 또 다른 하나는 직사각형으로 되어 있다.

황태자의 처소를 지나 하렘의 마지막 건물인 빈의 처소(Apartments of the

황태자의 방 사방 벽면을 식물과 넝쿨 문양의 이즈니크 타일로 아름답게 장식했다.

빈의 처소와 안뜰 18세기 중엽에 지어진 2층의 목조 건물로 하렘에 있는 건물 가운데 오스만 전통 가옥을 가장 많이 닮은 건물이다. 이곳에서 골든혼과 갈라타 타워가 바라다보인다.

Favorites) 앞에 있는 빈의 안뜰(Courtyard of the Favorites)로 나갔다. 서로 다닥다닥 붙어 있어 햇빛이 잘 들지 않아 다소 어두운 방을 가이드를 따라다니며 정신없이 구경하다가 햇빛이 쏟아지는 뜨락으로 나서니 기분이 상쾌해졌다. 아마도 이곳 하렘에 갇혀 평생을 지낸 궁중의 여인들도 안뜰에 나오면 이런 느낌을 받았을 것이다. '빈'은 궁녀 가운데 침실에서 황제를 모신 후궁을 말하는데 빈 가운데서도 오직 4명만이 정실부인의 자격을 얻어(쿠란에 의하면 4명의 아내만을 갖도록 했다.) 이 여인들이 낳은 아들 중에서 황태자가 지명되었다고 한다. 빈의 처소는 18세기 중엽에 지어진 2층의 목조 건물이다. 1층의 회랑과 앞으로 살짝 튀어나온 2층, 창문에 달아놓은 밤색 문짝, 돌출한 2층 방을 지탱하기 위한 곡선의 목재 지지대가 인상적인 건물이었는데 하렘에 있는 건물 가운데 오스만의 전통 가옥을 가장 많이 닮은 건물이라고 한다. 건축 양식이 우리네와 차이가 너무 많아 비교하기는 그렇지만 2층에 밤색 문짝이 달려 있는 것이 강진 백련사의 만경루를 연상시켰다. 몇 년 전, 동

빈의 안뜰에서 바라본 황태자의 쌍둥이 건물

　백꽃이 핀 이른 봄에 만경루에 올라 장지문과 나무 문짝을 활짝 열어젖히고 저 멀리 구강포의 바다를 바라보았을 때 탁 트인 전망과 아스라이 보이는 바다는 나의 가슴을 시원하게 하여 오랫동안 그 자리에 머물고 싶었다. 아마도 이곳 하렘의 후궁들도 빈의 처소인 2층 방에서 나무 문짝을 열어젖히고 저 앞에 펼쳐진 골든 혼의 바다를 바라보면서 시름을 달랬을지도 모르겠다. 빈의 안마당은 일종의 테라스였다. 테라스는 지상에서 2층 높이에 있었는데 이곳에서 약간 오른쪽으로 골든 혼의 갈라타 타워가 보였고, 바로 아래 1층에는 여인들의 수영장이 있었다. 여기까지가 하렘 지역이다. 우리 일행은 이곳에서 잠시 쉬면서 탁 트인 전망을 구경하다 하렘과 이어지는 제4정원의 할례의 방을 구경하고 레반 파빌리온 앞으로 나왔다.
　이렇게 톱카프 궁전의 하렘 구경을 모두 마쳤는데, 오늘 관광 일정상 시간적 제약으로 인해 구경하지 못한 건물과 방이 몇 곳 있다는 것을 나중에 알게 되었다. 이 가운데 사방 벽면에 과일 그림이 그려져 있어 '과일의 방'이라 불린 곳을 구경하지 못한 것이 가장 아쉽게 생각된다. 우리가 구경했던 제국

빈의 안뜰에서 내려다 본 여인들의 수영장

의 홀 근처에 있는 이 방은 1705년에 건축된 아흐메트 3세의 정찬실(Privy Chamber of Ahmet III)로 술탄의 저녁 정찬에 사용된 방으로 알려져 있다. 방의 크기는 작은 편으로 사방 벽면에 온통 꽃꽂이와 과일 그림이 그려진 패널이 부착되어 있어 '과일의 방'이라 불리고 있지만 그림 숫자로 보면 과일보다는 꽃꽂이 그림이 더 많을 뿐만 아니라 눈에 잘 띄는 곳에 배치되어 있어 오히려 '꽃꽂이 방'이라 부르는 것이 더 적절하다고 생각된다. 이 방의 주인공인 술탄 아흐메트 3세가 집권했던 17세기 초 오스만 제국의 짧았던 중흥기를 튤립시대라 부르는데, 이 시기에 유럽의 문화와 예술이 많이 도입되었다. 이 방의 꽃과 과일 그림도 유럽 화풍의 영향을 받아 음영 채색법이 적용된 새로운 화풍으로 실감나게 그렸는데, 꽃꽂이에 사용된 꽃의 종류도 매우 다양하고 화려할 뿐만 아니라 꽃의 배치도 세련되고 조화를 잘 이루고 있어 꽃꽂이에 관심이 있는 사람이라면 빠뜨리지 말고 꼭 들러봐야 할 곳이다.[9]

---

[9] 과일의 방을 3차원으로 보여주는 웹사이트(http://www.3dmekanlar.com)를 참고하였다.

과일의 방이라 불리는 술탄 아흐메트 3세의 정찬실 (출처: 톱카프 궁전 박물관 홈페이지 자료) 과일 그림이 그려진 패널이 부착되어 있어 '과일의 방'이라 불리고 있지만 그림 숫자로 보면 과일보다는 꽃꽂이 그림이 더 많을 뿐만 아니라 눈에 잘 띄는 곳에 배치되어 있어 오히려 '꽃꽂이 방'이라 부르는 것이 더 적절하다고 생각된다.

이렇게 오스만 제국의 영광과 몰락의 그림자가 어른거리는 톱카프 궁전 구경을 모두 마치고 우리 일행은 이스탄불 급행열차의 역사가 남아 있는 시르케치 역으로 걸어갔다. 시르케치 역은 톱카프 궁전 옆 걸하네 트램 정거장과 갈라타 다리가 있는 에미뇌뉘 트램 정거장 중간쯤에 있다. 애거서 크리스티의 추리소설인 「오리엔트 특급 살인」으로 잘 알려진 오리엔트 급행열차는 1883년 파리와 빈 사이를 첫 운행한 장거리 침대열차였다. 이스탄불까지 직행노선이 개설된 것은 1889년으로, 1930년대 전성기를 맞이했던 이 열차는 제2차 세계대전 후 동서냉전이 시작되면서 이스탄불까지 운행이 불가능하게 되어 노선이 대폭 축소되는 등 어렵사리 명맥을 유지하다가 2009년 완전히 운행이 중단된 전설의 열차이다. 우리 일행이 이 옛 역사를 찾게 된 것은 바로 옆에 새로 지은 현대식 시르케치 역에서 출발하여 보스포루스 해협을

(위) 현대 시르케치 역 입구 (아래) 오리엔트 익스프레스의 종착역이었던 옛 시르케치 역의 플랫폼 애거서 크리스티의 추리소설인 「오리엔트 특급 살인」으로 잘 알려진 오리엔트 급행열차는 1883년 파리와 빈 사이를 첫 운행한 장거리 침대열차였다. 이스탄불까지 직행노선이 개설된 것은 1889년이며, 열차의 전성기는 1930년대였다.

바다 밑으로 건너 아시아 땅에 있는 위스퀴다르 역으로 가는 마르마라이 해저열차를 타기 위해서였다. 시르케치 현대식 역사 입구에서 건널목을 가로질러 옛 역사 플랫폼으로 들어갔다. 1890년 독일인 건축가에 의해 유럽풍으로 지어진 이스탄불 구역사의 정면은 볼 수 없었지만 대리석과 붉은색 타일

오리엔트 익스프레스 식당 125년 된 레스토랑이다.

로 마감한 역사 외벽과 대리석으로 포장된 플랫폼에서 한때 누렸을 영광의 흔적을 볼 수 있었다. 투어 가이드를 따라 역사 기둥에 매달려 있는 동그란 시계가 있는 곳까지 걸어가는 동안, 나는 80년 전으로 거슬러 올라가 프랑스 파리를 출발하여 오스트리아 빈을 거쳐 발칸반도를 횡단한 시커먼 증기기관차가 허연 증기를 거칠게 토해내면서 끼이익 하는 고음과 함께 정차하고 이윽고 객차 문이 덜커덩 열리면서 수많은 승객과 함께 포와로 탐정이 플랫폼에 내리는 상상을 해보았다. 역사 안에는 '오리엔트 익스프레스'라는 125년 된 레스토랑이 영업을 하고 있었다. 예쁜 투어 가이드의 아이디어 덕분에 유서 깊은 역사 플랫폼의 시계 아래에서 잠시 연애시절이 생각나는 포즈를 연출했는데 단체관광은 일정상 한 장소에 오래 머무를 수 없는 단점이 있지만 이렇게 낭만이 깃든 장소에서 닭살이 돋는 포즈를 연출하면서 활짝 웃을 수 있는 재미가 있었다.

　우리 일행은 해저열차를 타고 아시아 대륙으로 건너가기 위해 현대식 시르케치 역사로 들어갔다. 아시아와 유럽 대륙을 연결하는 마르마라이 선은

옛 시르케치 역 플랫폼의 시계와 종 유서 깊은 역사 플랫폼의 시계와 종 아래에서 잠시 연애시절이 생각나는 포즈를 연출해 보았다.

2004년 착공되어 터키공화국 건국 90주년이 되는 해인 2013년에 개통된 철도로서, '마르마라이(Marmaray)'라는 이름은 이스탄불의 앞바다인 마르마라 바다와 철도를 뜻하는 터키어 라이를 합친 말이다. 이스탄불 유럽 지역의 카즈르체쉬메 역과 아시아 대륙의 아이르륵체쉬메쉬 역을 잇는 총길이 13.6km의 마르마라이 철도 가운데 보스포루스 해저터널 구간은 유럽 지역의 시르케치 역과 아시아 지역의 위스퀴다르 역 사이의 3.5km 구간이다. 과거에 도시의 양 대륙을 오가려면 해협을 가로지른 현수교나 페리를 이용해 건너야 했지만 터키 정부가 의욕적으로 실시한 마르마라이 프로젝트에 의해 열차를 타고 불과 수 분만에 건널 수 있게 되었다. 마르마라이 선은 이스탄불 카르트로 탑승할 수 있으며 요금은 2.8리라로 저렴했다. 이곳을 운행 중인 열차는 우리나라 현대로템에서 제작한 전동차였다. 1974년 우리나라에서 처음 개통된 서울 지하철 1호선 열차는 일본의 히타치와 도시바에서 제작한 것이 있는데 열차를 수입한 지 30여년 만에 외국에서 우리나라 기업의 로고가 붙은 산뜻한 디자인의 열차를 타게 되니 왠지 기분이 으쓱했다. 그러나 최근에

시르케치 역으로 진입하는 마르마라이 해저열차 이곳을 운행 중인 열차는 우리나라 현대로템에서 제작한 전동차이다. 외국에서 우리나라 기업의 로고가 붙은 산뜻한 디자인의 열차를 타게 되니 왠지 기분이 으쓱했다.

는 가격과 성능이 우수한 중국산 열차가 세계를 휩쓸고 있어 우리나라 열차산업의 장래도 그리 밝지 않다고 한다. 2000년대 초반 우리나라 경제를 이끌었던 주요산업이 경쟁력을 잃으면서 차례차례 무너지고 있어 나는 우리 미래가 무척이나 걱정스럽다.

 우리 일행은 마르마라이 해저터널을 지나 보스포루스 해협의 아시아 해안에 위치한 위스퀴다르(Üsküdar) 역에서 내렸다. 위스퀴다르 지역은 교통의 요충지이다. 역 주변에는 아시아와 유럽을 잇는 페리부두가 있고, 이곳에서 남쪽으로 2.5km 지점에는 터키 아나톨리아 반도의 모든 도시를 연결하는 버스 터미널인 하렘 오토가르가 있으며, 더 남쪽으로 2.5km 지점에는 메트로와 도시버스 터미널 그리고 페리부두가 있는 카드쾨이가 있다. 옛날부터 위스퀴다르 지역은 터키 아나톨리아 지방뿐만 아니라 이란과 아르메니아와 교역을 한 무역의 중심지였다. 그러나 위스퀴다르는 터키 민요인 '위스퀴다라 기데르 이켄(Üsküdar'a gider iken·위스퀴다르로 가는 길에)'으로 우리에게

이스탄불 아시아 지역의 위스퀴다르 역 주변 풍경 옛날부터 위스크다르는 터키 아나톨리아 지방뿐만 아니라 이란과 아르메니아와 교역을 한 무역의 중심지였다. 그러나 위스크다르는 터키민요인 '위스크다라 기데르 이켄'으로 우리에게 더 친숙하게 다가온다.

더 친숙하게 다가온다. 원 제목이 '카티빔(Kâtibim·내 님)'인 이 노래는 오스만 제국 때부터 구전으로 전해 내려오는 터키 전통 민요로 가사의 내용은 위스퀴다르에 살고 있는 처녀가 젊은 공무원을 사모하는 연가로 알려져 있다. 그러나 이 노래는 터키 인근 발칸반도의 여러 나라에서도 꽤나 유명한 곡이라 한다. 불가리아의 아델라 피바 감독이 이스탄불에서 마케도니아, 세르비아, 그리스, 터키 친구와 함께 저녁 식사를 하고 있었는데 배경음악으로 나온 이 노래를 듣고는 친구들이 제각각 자기네 민요라고 주장했다고 한다. 이에 착안하여 그녀는 2003년에 '누구의 노래인가?'라는 제목의 다큐멘터리를 제작하여 이 노래의 기원에 대해 무척 흥미로운 논쟁을 이끌었다. 실제로 이 노래는 소아시아 지방의 그리스인이 부르던 '아폭 쎄노 또포(Aπόξένο τόπο· 외국에서)'를 터키어로 개사한 것이라 한다. 역사적으로 견원지간인 그리스-터키 국민의 화해를 위해서 세계적으로 사랑받는 이 노래를 앞으로는 그리스-터키 전통 민요라 부르면 어떨까 싶은 생각이 든다. 아무튼 60년대에 우리나라에서도 꽤나 유행했던 이 노래 1절은 다음과 같다.

위스퀴다르 가는 길에 비가 내리고,
내 님의 긴 옷자락이 흙탕물에 젖어드네.
내 님이 막 잠에서 깨셨네. 그 눈이 나른해 보이네.
님은 나의 것, 나는 님의 것. 서로 손을 잡았네.
내 님에게 셔츠도 너무 잘 어울리네.

만돌린처럼 생긴 부주키의 경쾌한 가락과 함께 '위스퀴다라 기데 리켄 알드 다 비르 야무'로 시작되는 구성진 노래 가사가 머릿속을 맴돌았지만 현실에 충실한 배꼽시계는 어서 식당으로 가자고 재촉했다. 우리는 출출해진 배를 채우러 역사에서 가까운 케밥집으로 향했다.

오늘 점심 메뉴로는 스프와 에크멕(터키 빵)을 기본으로 하고, 라흐마준(다진 고기를 얹어 구운 터키식 얇은 피자), 타북시시(닭 가슴살 숯불구이), 카나트(닭 날개 숯불구이), 코프테(소고기 떡갈비), 아다나(양고기와 소고기를 같이 다져 만든 떡갈비)가 나왔다. 터키 음식은 가격도 싸고 맛도 매우 좋았지만 내 입맛에는 다소 짠 것이 흠이었다. 푸짐한 점심 식사를 마치고 터키식 홍차인 따끈한 짜이를 한잔 마시면서 잠시 쉰 우리 일행은 다음 관광 코스인 미흐리마 술탄 모스크(Mihrimah Sultan Camii, İskele Camii)를 향해 걸어갔다. 오스만 제국 뿐만 아니라 당대 세계 최고의 건축가였던 미마르 시난이 설계한 이 모스크는 위스퀴다르 선착장 앞에 있는데, 시난이 짝사랑했던 쉴레이만 대제의 외동딸 미흐리마 공주를 위해 지은 두 개의 모스크 가운데 처음 지은 것으로 1546~1548년 사이에 완성되었다. 미나렛이라 불리는 첨탑이 2개 있는 정면부가 매우 예쁜 이 사원은 오늘날 위스퀴다르의 랜드마크 건물이다. 시난이 공주를 위해 두 번째로 지은 미흐리마 모스크는 이스탄불 구시가지에서 가장 높은 언덕인 에디르네카프 지역에 있으며 1565년에 완성되었다. 한

미흐리마 술탄 모스크 오스만 제국의 대건축가였던 미마르 시난이 짝사랑했던 미흐리마 공주를 기리는 이 모스크는 이스탄불에 두 곳이 있다. 매년 춘분이 되면 두 곳에 있는 모스크의 기다란 미나렛 꼭대기에 5초간 해와 달이 각각 걸리는 신비한 광경을 볼 수 있다고 한다.

개의 미나렛과 원형의 돔 아래에 창문을 크게 낸 이 모스크는 오스만 건축에서 건축학적으로 매우 의미 있는 건물이라고 하니 이 모스크에서 멀지 않은 곳에 있는 비잔티움 제국의 코라 수도원과 함께 구경하면 좋을 것 같다. 우리 일행은 미흐리마 술탄 모스크의 뒷모습이 바라다 보이는 어느 가파른 골목 계단에 한 칸씩 쪼르륵 걸터앉아 투어 가이드로부터 미마르 시난과 미흐리마 공주 사이에 이루지 못한 러브 스토리를 들었다. 그 가슴 아린 사연을 여기에 다 옮길 수는 없지만, 매년 춘분이 되면 두 곳에 있는 미흐리마 모스크의 기다란 미나렛 꼭대기에 5초간 해와 달이 각각 걸리는 신비한 광경을 볼 수 있다고 한다. 나는 바로 앞에 있는 미흐리마 술탄 모스크의 미나렛 꼭대기를 유심히 살펴보았다. 첨탑 꼭대기에는 길쭉한 삼각뿔 모양의 지붕이 씌워져 있었고 그 위에는 마치 신라 삼층석탑의 상륜부처럼 2개의 보주와 초승달이 찰주에 꼽혀 있었다. 우리 일행은 바로 앞에 있는 선착장으로 내려가 눈앞에 펼쳐진 보스포루스 해협 건너 카바타쉬(Kabataş) 선착장으로 향하는

미흐리마 공주와 미마르 시난의 러브 스토리를 듣고 있는 투어 일행

보스포루스 해협 풍경 이스탄불의 아시아 지역인 위스퀴다르에서 맞은편 유럽지구를 바라본 풍경이다.

페리에 올라탔다.

　이곳에서 바라보는 보스포루스 해협의 파노라마 풍경은 한마디로 장관이었다. 쪽빛으로 짙푸른 바다를 가르면서 수많은 페리선과 심지어 거대한 유조선까지 정신없이 해협을 들락거리고 있었는데 푸른 하늘을 배경으로 한 맞은편 유럽 대륙의 스카이라인은 무척 아름다웠고 머리를 돌릴 때마다 눈앞에 펼쳐지는 풍경은 너무나도 환상적이었다. 페리선이 해협의 가운데 부분으로 나아가니 오른쪽으로는 보스포루스 제1대교가 위용을 자랑하고 있고, 해협을 따라서 길게 배치된 돌마바흐체 궁전(Dolmabahçe Palace)과 모스크는 그 자체가 달력 그림이었다.

　돌마바흐체 모스크 옆에 있는 카바타쉬 선착장에 도착하여 대로로 나선 다음 오른쪽에 있는 돌마바흐체 궁전으로 향했다. 왼쪽으로 베쉭타쉬 스타디움이 보였는데 이 일대, 즉 보스포루스 해협의 유럽 쪽 해안가 지구를 '베쉭타쉬(Beşiktaş)' 지역이라 부른다. 우리나라 조선 시대에도 수도였던 한양에 정궁인 경복궁 이외에 동궐인 창덕궁과 창경궁을 세우고, 서궐인 경희궁을

돌마바흐체 모스크와 돌마바흐체 궁전 맨 왼쪽 건물이 모스크(자미)이며 오른쪽으로 해협을 따라 길게 배치된 건물이 궁전이다. 보스포루스 해협에서 바라본 돌마바흐체 궁전은 프랑스 베르사유 궁전처럼 웅장하고 아름다웠다.

지었듯이 오스만 제국도 보스포루스 해협이 바라다보이는 전망 좋은 장소에 궁궐을 여러 개 세웠다. 유럽 땅 이스탄불의 구시가지에는 톱카프 궁전을, 신시가지인 베쉭타쉬 지역엔 돌마바흐체 궁전과 일드즈 궁전을 지었고, 아시아 지역에는 괵수 궁전과 베일레르베이 궁전을 세웠다. 제국의 전성기에 지었던 톱카프 궁전을 제외하고 나머지 궁전은 제국이 멸망의 길을 달리던 19세기 중엽부터 말엽까지 지은 것이다. 오스만 제국은 18세기 중엽부터 19세기 중엽까지 약 100년간에 걸쳐 무려 5차례나 치룬 오스만-러시아 전쟁, 제국의 영토였던 발칸반도에서 일어난 여러 이민족의 독립전쟁, 그리고 프랑스, 이집트와 전쟁을 치르느라 재정이 파탄 난 상태였음에도 돈을 마구 찍어내고 부족한 자금은 외국에서 차관을 들여와 유럽풍의 화려한 궁전 건축에 재정을 쏟아붓는 바람에 멸망이 가속화되었다. 그러나 현재 터키공화국 국민들에게 멋진 문화유산을 남겨서 관광으로 먹고 살게 만들어 주었으니 이를 두고 세상사 새옹지마라고 해야 할 것인가?

터키어 돌마바흐체의 '돌마(Dolma)'는 '가득 찬'이란 뜻이고, '바흐체(Bahçe)'는 '정원'이란 뜻이다. 원래 진흙지대였던 이곳은 17세기 초에 매립되어 여러 채의 황실 정자와 정원이 들어선 이후 '정원으로 가득 찬 곳'이란 뜻의 돌마바흐체라고 불리게 되었는데 1814년 발생한 화재로 인해 모든 건물이 소실되었다. 서유럽의 앞선 제도와 문물을 적극 받아들였던 압뒬 메지드 1세는 시대에 뒤떨어진 톱카프 궁전 생활에 불편을 느껴 13년간의 공사 끝에 1856년 돌마바흐체 궁전을 완성하고 황실을 이곳으로 옮겼다. 오스만 제

돌마바흐체 궁전 입구 시계탑

국의 건축가인 발얀이 설계한 이 궁전은 신고전주의 양식에 오스만 건축양식이 가미된 건물로 총 길이가 무려 600m에 달하며, 보스포루스 쪽에서 바라보았을 때 중앙의 연회장을 중심으로 왼쪽 날개 건물에는 행정 업무를 수행하는 공간인 셀람륵을, 오른쪽 날개 건물에는 술탄과 그의 가족의 사생활 공간인 하렘을 배치했다. 건축비는 황금 35톤에 해당하는 금액이 들었는데 오늘날 현금 가치로 환산하면 대략 17조원에 해당하는 돈이다. 그 어려웠던 시절에 이런 엄청난 돈을 황실의 토목건설비에 쏟아부었으니 나라가 망하지 않고 배겨낼 재간이 없었을 것이다.

(위에서부터 차례로) **돌마바흐체 궁전의 정문, 궁전 분수대, 건물 측면에 배치된 출입구** 보스포루스 바닷가에서 돌마바흐체 궁전을 바라볼 때는 베르사유 궁전처럼 웅장하게 보이지만, 분수를 등에 지고 출입구가 있는 건물 정면을 바라보면 마치 우리나라 경운궁의 석조전을 보는 듯 아담한 느낌이 든다.

두 개의 웅장한 정문을 지나 궁전의 뜨락으로 들어서니 백조 여섯 마리가 물을 뿜는 분수가 있는 예쁜 연못 뒤로 궁전의 출입구가 보였다. 프랑스 베르사유 궁전과 비교하면 궁전의 출입구가 건물 중앙이 아닌 왼쪽 날개 건물(셀람륵)의 측면에 배치되어 있는 것이 조금 이상하게 생각되었는데 이것은 궁전의 오른쪽 날개에 있는 술탄의 사적 공간인 하렘을 외부와 철저하게 격리시키기 위한 건축적 고려의 산물이었다. 그래서 보스포루스 해협에서 돌마바흐체 궁전을 바라볼 때는 베르사유 궁전처럼 웅장하게 보이지만, 분수를 등에 지고 출입구가 있는 건물 정면을 바라보면 마치 우리나라 경운궁의 석조전을 보는 듯 아담한 느낌이 든다. 또 사람들은 돌마바흐체 궁전이 베르사유 궁전을 모방해서 지은 건물로 알고 있기에 정원 양식도 프랑스풍이라 흔히 말하곤 한다. 그러나 베르사유 정원은 그야말로 프랑스식 인공미의 결정체로 분수 주변의 정원수는 이발사가 이발을 해준 듯 반듯반듯 깎여 있지만, 이곳 정원수는 우리 전통 정원처럼 사람 손을 타지 않고 자연스런 모습을 간직하고 있을 뿐만 아니라 톱카프 궁전의 정원 양식과 똑같기에 나는 오스만식 정원이라고 말하는 것이 타당하다고 생각된다.

톱카프 궁전은 이즈니크 타일로 멋을 냈지만 새로 지은 돌마바흐체 궁전은 황금과 크리스털로 장식했다. 화려함이 무엇인지를 확실하게 보여주는 이 궁전은 디자인, 아름다움, 품질 면에서 세계 최고의 크리스털 제품으로 인정받고 있는 체코산 보헤미아 크리스털과 프랑스산 바카라 크리스털의 세계 최고 컬렉션이다. 프랑스와 이태리 전문가를 채용하여 궁전 내부를 장식했고, 고전미가 물씬 풍기는 가구는 해외에서 수입하거나 자체 제작했다고 한다. 셀람륵 출입구로 들어서서 현관 입구의 방, 비서 응접실, 접견실, 황제 알현실을 차례로 구경했다. 이들 방은 황금빛 장식과 함께 천정에 매달린 화려한 샹들리에, 유리로 만든 흰색 또는 붉은색 튤립이 꽃밭을 이룬 스탠드, 크리스털 스탠드, 마호가니 가구, 방마다 놓여 있는 중국산 청화백자, 가끔

돌마바흐체 궁전의 크리스털 계단과 대연회장(사진 출처: 위키피디아)

보이는 일본 도자기와 유럽 도자기, 고전미가 돋보이는 테이블과 소파, 아라베스크 문양이나 포도넝쿨이 그려진 의자가 방의 특성에 맞게 배치되어 있었다. 메모리얼 룸에는 역대 술탄 초상화가 걸려 있고 보스포루스 해협이 시원하게 바라다보이는 복도 벽면에는 오스만군의 전투장면이 그려진 그림이 줄줄이 걸려 있었다. 이 궁전의 바로크 또는 로코코풍의 실내장식에 비하면 톱카프 궁전은 너무도 소박한 궁전이었다.

유명한 크리스털 계단은 전형적인 근대 유럽풍의 말발굽 모양의 계단으로 자주색 마호가니 계단 손잡이를 바카라 크리스털 난간 기둥이 지지하고 있고, 천정에는 눈부신 크리스털 샹들리에가 매달려 있는데다 계단에는 붉은색 양탄자가 깔려 있어 내가 지금까지 보았던 가장 호화로운 계단이었다. 궁전의 한가운데에 위치한 대연회장은 오스만 제국 말기 모든 국가 행사와 공식 연회가 열린 장소로서 이 궁전에서 가장 웅장한 방이다. 대연회장에서 가장 눈길을 끄는 것은 바닥에 깔린 38평 넓이의 터키산 헤레케 양탄자와 36m 높이의 천정에 매달린 세계 최대 크기의 보헤미아 크리스털 샹들리에이다. 램프 750개가 달린 이 화려한 샹들리에는 무게가 자그마치 4.5톤에 달하는데 세간에는 영국 빅토리아 여왕이 선물한 것으로 알려져 있지만, 2006년에 제값을 주고 구입한 영수증이 발견되었다고 한다.[10] 또 초대형 샹들리에가

돌마바흐체 궁전의 대연회장 천정 모습(자료 사진) 무게 4.5톤에 달하는 초대형 샹들리에가 매달린 천정이다. 투어 가이드가 돔 모양 천정이 그림이라는 것을 알려줬음에도 내 눈에는 가운데가 움푹 들어간 실제 돔처럼 보였다.

매달린 천정은 마치 모스크의 둥근 돔처럼 보였는데 실제로는 평평한 천정에 원형의 돔 그림을 그려넣은 것이다. 채색그림인 원형의 돔이 마치 진짜 돔처럼 보이는 것은 둥그런 원 안에 360도 빙 돌아가면서 그려 넣은 여덟 개의 작은 창문과 창문 주위를 장식한 대리석 기둥의 소실점이 원의 중심을 향하도록 하는 원근법을 적용하여 정교하게 그렸기 때문이다. 그런데 천정을 올려다봤을 때, 투어 가이드가 돔 모양 천정이 그림이라는 것을 알려줬음에도 내 눈에는 가운데가 움푹 들어간 실제 돔처럼 보였다.

또한 돌마바흐체 궁전은 터키공화국의 초대 대통령인 무스타파 케말 아타튀르크와 인연이 있는 곳이다. 그는 대통령이 되어 이곳 대연회장에서 이스탄불의 국민들에게 첫 연설을 했고, 1938년 11월 10일 오전 9시 5분에 이곳

[10] 위키피디아에서 발췌 인용하였다.

돌마바흐체 궁전 앞 선착장에서 바라본 보스포루스 해협

하렘에 있는 대통령 집무실에서 과로로 인해 서거했을 때 그의 유해가 담긴 관을 이곳 대연회장에 안치하고 시민들의 애도를 받았다고 한다. 터키에서는 매년 11월 10일 오전 9시가 되면 전국적으로 모든 국민이 5분간 묵념을 하는데 이 시간이 되면 이곳 돌마바흐체 궁전에도 이스탄불의 수많은 시민들이 몰려들어 그를 추모하고 있다. 지금도 돌마바흐체의 아타튀르크 대통령 집무실과 셀람륵의 접견실 시계는 오전 9시 5분에 멈춰 있다.

  이렇게 돌마바흐체 궁전의 셀람륵 구경을 모두 마치고 건물 밖으로 나왔다. 건물의 오른쪽에 있는 하렘은 따로 티켓을 구입하거나 통합 티켓을 구입해야 들어갈 수 있는 곳인데 우리 투어 일정에는 포함되지 않아서 구경하지 못했다. 이곳에서 바라본 보스포루스 해협의 짙푸른 바다는 여전히 아름다웠다. 이틀간 함께 한 투어 가이드와 헤어짐이 아쉬웠던 차에 그녀가 간단한 퀴즈를 몇 개 내어 맞히는 사람에게 나자르 본주 문양이 들어간 예쁘장한 동전 지갑을 선물하는 장학퀴즈 시간을 가졌다. 덕분에 작별의 자리는 유쾌함으로 가득했다. 그녀와 오늘 함께 했던 일행과 작별 인사를 나누고 숙소로 돌아가기 위해 카바타쉬 선착장 근처에 있는 트램 정거장으로 걸어갔다. 오늘 저녁 8시에 이스탄불의 야경을 구경하는 무료 투어가 예정되어 있어 서둘러야 했다.

  저녁 8시에 숙소에서 가까운 랄렐리 트램 정거장 앞에 모인 야간투어 일행은 투어 가이드를 따라서 이스탄불 대학교 구내를 가로질러 쉴레이마니예 모스크 앞으로 갔다. 밤이라서 사원 안으로는 들어갈 수 없어 건물 바깥에서 이스탄불에서 가장 큰 자미의 야경을 잠시 구경하고 근처에 있는 미마르 시난 카페로 향했다. 이 카페는 이스탄불의 파노라마 뷰를 보기에 좋은 명소로 알려져 있다. 카페 바로 앞에는 쉴레이마니예 자미를 설계한 오스만 최고 건축가 시난의 자그마한 석조 무덤이 있다. 쉴레이만 1세는 16세기 오스만 제국의 최전성기를 이끈 술탄으로 예니체리 공병 출신인 시난을 궁정 건축가로 발탁하여 자신의 사원을 짓도록 하였다. 이 사원은 7년간의 공사 끝에 1557년 완성되었으며, 시난이 설계한 144개의 크고 작은 모스크 건물 가운데 3대 대표작의 하나로 꼽히고 있는 그의 전성기 때 작품이다. 동시대에 성 베드로 성당을 설계한 미켈란젤로와 비견되는 건축가 시난은 수많은 모스크, 학교, 병원, 주방, 대상 숙소, 수로, 다리, 묘지를 설계했는데, 특히 이스탄불의 하기아 소피아 성당에서 볼 수 있는 것과 같이, 중앙에 큰 돔을 두고 그 아래 몇 개의 작은 돔을 배치하여 하중을 사방으로 골고루 분산시키면서 내부 공간을 크게 확보한 돔 건축구조를 더욱 완벽하게 구현했고 여기에 이슬람 양식의 첨탑을 더함으로써 오스만 건축 특유의 양식을 완성시킨 인물이다. 그의 제자들은 훗날 세계에서 가장 아름다운 모스크라는 평가를 받고 있는 이스탄불의 술탄아흐메트 모스크를 설계했고 인도 무굴 제국의 타지마할의 설계를 도왔다.[11]

  미마르 시난 카페는 건물 2층에 있었는데 우리는 계단을 통해 옥상 테라스

---

[11] 미마르 시난에 대한 설명은 위키피디아에서 발췌 인용하였다.

쉴레이마니예 자미 야경(위)과 골든 혼의 갈라타 다리 야경 미마르 시난 카페에서 바라본 이스탄불 야경은 환상적이었다. 등 뒤로는 은은한 조명을 비춘 쉴레이마니예 자미가 보였고, 정면으로 갈라타 다리 주변 야경이 펼쳐졌다.

로 올라갔다. 밤이 되니 한낮의 무더운 열기도 많이 가라앉았다. 등 뒤로는 조명을 은은하게 밝혀 웅장한 아름다움을 자랑하는 쉴레이마니예 자미가 보였고, 정면으로는 역시 조명을 환히 밝힌 갈라타 다리와 주변 풍경이 보였다. 다리 남쪽으로는 예니 자미가, 북쪽으로는 갈라타 타워가, 서쪽으로는

터키풍 커피 작은 크기의 예쁘장한 잔에 담긴 커피는 표면에 미세한 거품이 살짝 일면서 약간 걸쭉해 보였는데 마셔보니 내 입맛에는 텁텁하게 느껴져 익숙해지려면 다소 시간이 걸릴 것 같았다.

메트로 다리와 아타튀르크 다리가, 동쪽으로는 어둠에 잠긴 보스포루스 해협이 보였는데 정말 아름다운 야경이었다. 우리 일행은 차와 커피를 한 잔씩 시키고 이런저런 얘기를 나누면서 즐거운 시간을 보냈다. 여기서 터키식 커피를 처음 마셔봤다. 작은 크기의 예쁘장한 잔에 담긴 커피는 표면에 미세한 거품이 살짝 일면서 약간 걸쭉해 보였는데 마셔보니 내 입맛에는 텁텁하게 느껴져 익숙해지려면 다소 시간이 걸릴 것 같았다.

이렇게 터키 여행의 첫 기착지인 이스탄불 구경을 일부 마쳤다. 터키 여행이 끝날 무렵에 이스탄불로 다시 돌아올 때까지 앞으로 12일간에 걸쳐 터키 중서부 지역을 2일 내지 3일 간격으로 버스를 타고 이동하게 될 것이다. 내일은 아침 일찍 흑해 연안에 있는 사프란볼루 행 버스를 타야 했기에 숙소에서 미리 짐을 챙겨놓고 일찍 잠자리에 들었다.

제2장

으흘라라 계곡에서 우연히 만난 산딸나무 꽃

사프란 꽃처럼 아름다운
사프란볼루(Safranbolu)

사프란(Saffron)은 붓꽃과에 속하는 식물이다. 이 꽃에는 맑은 주홍빛 암술대가 세 개 있는데 이것을 뜯어 말려 음식에 오렌지색이나 노란색 색깔을 내는 데 사용한다. 물론 차로도 끓여서 마신다. 황금빛 '사프란 티'다. 이 아름다운 사프란 꽃에서 이름을 딴 도시가 있다. '사프란'과 그리스어로 도시란 뜻의 '폴리스'의 합성어인 사프람폴리스(Saframpolis)로 터키어로는 사프란볼루(Safranbolu)라 부른다. 흑해 연안에서 남쪽으로 약 100km 정도 떨어져 있는 마을로서 주도인 카라뷔크 시에서 북쪽으로 약 9km 정도 떨어서 있다.

내가 터키 여행을 가기로 마음을 먹고 나서, 꼭 가보고 싶었던 장소에 사프란볼루는 없었다. 아니 이런 동네가 있는지도 몰랐다. 아내가 한 달여에 걸쳐 터키 관광일정을 짜고 나서 나에게 여행코스를 얘기해 주는데 이스탄불 다음 방문 장소가 바로 사프란볼루였다. "이게 어떤 동네야?" 하고 물으니, 아내는 "응, 중세 터키의 전통가옥이 잘 보존된 곳인데 굉장히 아름다워. 우리나라로 치면 하회마을 같은 곳이야." 하는 것이었다. 구글 검색으로 동네 풍경을 살펴보니, 집 벽면엔 X자로 노출된 나무기둥이 있어 마치 스위스 농가처럼 보이기도 했고, 붉은 기와지붕이 얹힌 마을 모습은 사진으로만 봤던 프라하처럼 아름다운 전통마을이었다. 이번 여행에서 터키의 팜필리아와

에센레르 오토가르(터키 이스탄불) 이스탄불에서 흑해 연안 도시인 사프란볼루에 가려면 이곳에서 장거리 버스를 타야 한다.

이오니아 지방에 있는 고대 로마의 도시 유적지를 구경하니 터키 땅에서 터키 민속마을을 구경하는 것도 좋을 것 같았다.

터키 첫 여행지였던 이스탄불에서 사흘 째 되는 9월 3일 수요일 아침 7시, 호텔의 아침 식사 시간보다 이른 시각이라 밥도 거른 채 사프란볼루행 장거리 시외버스를 타기 위해서 이스탄불 유럽지역에 있는 에센레르 버스터미널을 향해 길을 나섰다. 술탄아흐메트(Sultanahmet)에서 1호선 트램을 잡아타고 유수프파샤(Yusufpasa) 정거장에서 내린 다음, 걸어서 5~10분 거리의 악사라이(Aksaray) 전철역으로 가서 1호선 메트로를 탄 다음 여섯 번째 정거장인 오토가르(Otogar) 역에서 내렸다. 장거리 버스가 출발하는 에센레르 오토뷔스 터미널은 역 바로 앞에 있었다.

터키의 버스터미널에는 우리나라처럼 단일 종합매표창구가 없고 행선지별로 구분된 개별 버스회사 사무실에서 차표를 팔았다. 사프란볼루행 버스회사 사무실을 물어물어 찾아갔는데 사무실 번호가 134번이었다. 차표를 구입하고 출발시간까지 약 40분 정도 남았기에 터미널 맞은편 식당가에서 아

사프란볼루행 장거리 버스(에센레르 오토가르)

침 식사를 했다. 식사비용을 신용카드로 결재하려고 하니 현금만 받는다 한다. 지갑을 뒤져 식사비 35리라를 현금으로 지불하고 나니 바지주머니에 동전 몇 개만 남은 빈털터리가 되었다. 이제부터 터키 여행은 이런 장거리 버스를 타고 이틀이나 사흘 간격으로 계속 이동해야 한다.

사프란볼루는 신시가지와 구시가지로 되어 있으며 전통마을이 있는 구시가지(에스키 차르쉬)에는 수많은 옛 전통가옥과 상가, 개인 박물관, 모스크, 하맘이라 불리는 터키식 전통 목욕탕, 현재는 호텔로 사용되고 있는 카라반사라이를 비롯한 오래된 유물이 남아 있다. 이곳은 17세기에 오스만 제국의 건축 양식으로 지어진 건물들이 들어서면서 한때 번영을 누리기도 했다. 1994년 유네스코가 지정한 세계문화유산에 선정되었다.[1]

이스탄불에서 사프란볼루로 가는 길 주변은 누런 들판에 나지막한 나무들이 점점이 흩어져 있는 건조한 고원지대였다. 버스는 약 6시간을 달려 카라뷔크의 사프란볼루 시외버스 터미널에 도착하였다. 세계문화유산으로 지정된 에스키 차르쉬(Eski Çarşı·옛 시장) 지역은 이곳에서 직선거리로 약 3km 떨어져 있고, 오늘 묵을 숙소는 차르쉬 외곽에 새로 조성된 사프란볼루 신시

---

[1] 사프란볼루의 인문지리에 관한 내용은 위키백과에서 발췌 인용하였다.

사프란볼루 가는 길 이스탄불에서 사프란볼루로 가는 길 주변은 누런 들판에 나지막한 나무들이 점점이 흩어져 있는 고원지대였다.

가지 입구에 있었다. 그런데 나는 한국에서 여행사를 통해 사전 예약한 숙소가 차르쉬 마을 안에 있는 줄 지레짐작하고 차르쉬 마을로 가는 세르비스(버스회사에서 제공하는 무료 승합차)를 두리번거리면서 찾았으나 보이질 않아 내심 걱정되기 시작했다. 왜냐하면 몸에 지닌 돈이라곤 달랑 동전 몇 개밖에 없었기에 세르비스를 못 타면 숙소까지 갈 수 있는 뾰족한 방법이 없었기 때문이었다. 터미널 건물을 빠져나가지 못하고 주차장에서 두리번거리고 있는 우리 부부를 어느 터키 청년이 발견하고 다가왔다. "어디 가십니까?" 하고 묻기에 "사프란볼루"라고 답했더니 주차장 한켠에 줄 서 있는 택시를 손으로 가리키면서 "저 택시를 타세요." 하고 친절하게 가르쳐주었다. 나는 서툰 영어로 "돈이 다 떨어져서 택시를 탈 형편이 안 된다. 어디에서 세르비스를 타면 되는지 알려 달라"고 말했으나 친절한 터키 청년은 내 말이 이해가 안 됐는지 다시 택시를 가리키면서 저걸 타고 가면 된다고 또 다시 얘기하는 것이었다. 나는 할 수 없이 약간 낙담한 표정을 지으면서 곤궁한 사정을 되풀이 말하였다. 청년은 그제야 뭔가 느낌이 왔는지 자신의 핸드폰으로 어디론가

(위) 사프란볼루에서 묵었던
호텔 2층 거실
(아래) 사프란볼루 숙소의 방

전화를 하였다. 잠시 후 돌무쉬가 주차장으로 들어왔다. 나는 친절한 청년에게 고맙다는 인사를 하고 차에 탑승한 다음 운전기사에게 숙소 주소를 보여 주었다. 그는 잠시 들여다보더니 대로변으로 나가 윗길로 차를 몰았다. 한동안 달리던 차는 우리 부부를 어디엔가 내려주었다.(나중에 귀국하여 구글 지도로 확인해 보니, 숙소가 있는 사프란볼루 신시가지 입구였다.) 다행히 차비는 바지주머니에 있는 동전으로 해결할 수 있는 1인당 2리라 정도였다. 차에서 내려 주변을 둘러보니 도저히 사프란볼루 전통마을 같지 않은 신식 건물만 눈에 띄었다. 주변에는 사람도 잘 안 보여 우리가 내린 대로변에서 불과 몇 골목 안 되는 숙소까지 물어물어 찾아가는데 30분 이상 걸렸다. 이스탄불에 머물 때 USIM칩을 구입하여 스마트폰에 꽂았지만 무슨 문제가 있는지 계속 먹통이라서 구글 지도도 켤 수가 없었고, 무거운 캐리어를 끌면서 이 골목 저 골목을 뒤지느라 힘이 들었다.

　우리 부부가 묵은 호텔(맨션)은 이층이 살짝 앞으로 돌출된 터키 전통가옥 스타일로 새로 지은 건물이었다. 우리 방이 있는 이층 거실에는 터키 양탄자가 바닥에 깔려 있고, 램프 모양의 전등과 오래된 벽시계가 벽에 매달려 있고, 에디슨 축음기는 한쪽 벽면을 장식하고 있고, 고전미가 있는 소파와 의자가 벽을 빙 둘러 배치되어 있어 오래된 전통가옥 분위기를 물씬 풍겼다. 또 이층 거실을 걸을 때마다 나무판자가 삐걱거리는 소리가 나 마치 옛 한옥에 묵은 듯 정겨운 느낌이 들었다. 침실의 하얀 침대보와 목재 창틀에 걸린 흰색 천으로 만든 햇빛 가리개는 매우 깨끗하고 산뜻하여 아내는 숙소를 무척 맘에 들어 했다. 숙소에 짐을 풀고 나니 시간이 오후 4시를 훌쩍 넘어섰다. 내일 아침에는 앙카라를 거쳐 카파도키아로 가야했기에 서둘러 사프란볼루 차르쉬 마을을 찾아갔다.

　숙소는 사프란볼루 신시가지와 전통마을 경계지역에 있어 옛 차르쉬 마을을 찾아가는데도 어려움을 겪었다. 숙소를 나와 비탈길을 따라 내려가니 얕은 계곡 건너편 언덕에 터키 전통가옥이 빼곡하게 들어차 있는데 사람이 전혀 보이질 않아 마치 유령마을에 온 듯하였다. '과연 이 길이 맞나?' 하면서 우리 부부는 마치 인디아나 존스가 미지의 세계를 탐험하는 기분으로 마을로 들어가는 비탈길을 올라갔다. 다행히 얼마 안 가서 골목에서 놀고 있는 4~5명의 아이들을 만나게 되어 이곳이 유령마을은 아니구나 하는 안도를 하게 되었고 아이들에게 손짓발짓으로 길을 물어 차르쉬 마을로 가는 길을 찾을 수 있었다. 조금 더 앞으로 걸어가니 모스크가 보이기 시작하면서 골목길 기념품 가게가 눈에 들어왔다. 가게 앞에는 일단의 사람들도 보여 '드디어 차르쉬 마을에 도착했구나.' 하는 생각과 함께 안도감이 몰려왔다. 나는 빈 털터리인지라 먼저 은행부터 찾아야했는데 운 좋게도 골목 입구에서 은행

(위) 사프란볼루 차르쉬 마을의 외곽지구
(왼쪽) 사프란볼루 차르쉬 마을 입구

간판과 함께 은행이 바로 눈에 띄었다. 사용법을 잘 모르는 ATM기를 사용하다 실수할까봐 은행으로 들어가 사정을 얘기했더니 은행원이 나와서 ATM기 버튼을 직접 눌러주면서 돈을 찾을 수 있게 도와주었다. 나는 그의 친절이 너무나도 고마웠다. 빈 지갑에 현금이 채워지니 마음까지 푸근해졌다. 이제 본격적으로 전통마을 구경에 나설 채비를 했다.

가게에선 이 지역 특산물인 사프란을 활용한 갖가지 제품을 팔았고, 사프란볼루 전통가옥의 미니어처는 캐리어에 들어갈 자리가 있으면 사고 싶을 만큼 예쁘고 깜찍했다. 한국 관광객이 많이 찾아서 그런지 어느 가게 입구에는 한글로 된 광고 문구도 보였다. 이번 터키 여행에서 눈에 띈 아시아계 여행객으로는 중국인이 가장 많았고 그 다음으로 한국인과 일본인이 많았는

하맘 골목길(사프란볼루)

(왼쪽) 포도나무 덩굴이 예쁜 아라스타 바자르(Arasta Bazzar) 골목길
(오른쪽) 카라반 사라이를 호텔로 개조한 진지한(Cincihan) 호텔의 뒤켠 골목길

데, 특히 이곳에서는 나와 같은 한국인 관광객이 많이 보였다. 그런데 한국인이 많이 오는 곳임에도 가게에 들어서면 "중국인이냐?", "중국에서 왔냐?"고 묻는 경우가 다반사였다. 그때마다 나는 웃으면서 "꼬레아"라고 대답해 주었고, '애니원 웰컴'인 가게 주인은 반색을 하고 환영해 주었다.

차르쉬 마을은 그리 넓지 않아서 반나절이면 여유 있게 구경할 수 있는 곳이었고 아기자기했다. 터키 젤리인 로쿰은 여러 가게에서 팔았는데 여행 안내서에 소개된 집을 찾느라 시간을 허비했다. 그런데 제대로 집을 못 찾았는지 나중에 숙소에서 맛을 보니 그저 그랬고 오히려 골목길 어느 가게에서 시식용으로 준 로쿰이 더 맛이 있었다.

　차르쉬 마을 구경도 거의 끝나갈 무렵, 어느 골목길을 빠져 나오는데 왼쪽에 높다란 흐드를륵 언덕(Hıdırlık Tepesi)이 보였다. 오늘 아침부터 6시간 버스를 타고 온 데다 숙소를 찾느라 헤매서인지 몸이 약간 피곤해져 언덕에 올라간다는 게 썩 내키지 않았다. 그런데 아내는 기운이 넘치는지 올라가고픈 내색이었고 나도 이곳에 언제 다시 와 보겠나 하는 생각이 들어 올라가보기로 했다. 결과적으로 만약 이곳에 오르지 않았다면 몹시 후회했을 것 같다. 이곳은 그야말로 사프란볼루 관광의 디저트 같은 장소였다. 흐드를륵 언덕에서 조망하는 마을은 너무나 아름다웠다.

　상가가 늘어선 골목을 천천히 빠져나와 언덕으로 오르는 갈림목에서 '어느 길로 접어들어야 하나?' 하고 잠시 서서 주변을 둘러보고 있는데, 방금 빠져 나왔던 골목 주변에 있던 대여섯 명의 터키 여학생이 나를 발견하더니 "와~" 하고 함성을 지르며 달려왔다. 나는 영문을 몰라 얼떨떨했다. 몰려든 여학생 가운데 세 명은 내가 아까 오후에 숙소를 코앞에 두고도 찾지 못해 골목길을 헤맬 때 우연히 만나 숙소 주소가 적힌 쪽지를 보여주며 길을 물었던 비로 그 아이들이었다. 중학교 고학년~고등학교 저학년쯤으로 보이는 여학생들이었는데 어디서 왔냐고 묻기에 "꼬레아"라고 답했더니 나를 보고 웃으면서 상당히 반가워했었다. 그리고 이곳 차르쉬 마을의 골목길 이곳저곳을 누비고 다닐 때 우연히 이 여학생들과 두세 번 마주쳤고 만날 때마다 우리는 서로 반갑게 웃으며 손을 흔들었다. 단지 그게 전부였는데 친구까지 대동해서 나에게 달려와서는 기념사진을 함께 찍자고 한다. 나는 순간 당황했다. "애들아, 나는 한류 스타가 아니라서 같이 찍어봐야 별 볼 일 없단다."라는 뜻으로 손사래를 쳤는데 아이들이 애교까지 부리면서 한사코 같이 기념사진을 찍자는 것이었다. 그래도 몇 번 사양을 했더니 몹시 실망하는 눈치였다. 그래서 도대체 영문을 모르겠지만, 기념사진 찍는 것 가지고 너무 인색하게

흐드를록 언덕에서 바라본 차르쉬 마을 전경 이곳은 그야말로 사프란볼루 관광의 디저트 같은 장소였다. 흐드를록 언덕에서 조망하는 마을은 너무나 아름다웠다.

구는 것 같아 "오케이!" 했더니 아이들이 몹시 좋아하는 것이었다. "김치!" 하고 웃으면서 단체사진을 찍고 "바이 바이!" 하고 헤어지려고 했는데, 한 아이가 사프란볼루 전통가옥 모형을 건네주면서 선물이니까 받으라는 것이었다. 나는 서툰 영어로 "나는 너한테 줄 게 없단다. 그래서 네가 주는 선물을 받을 수 없다."고 하니 그래도 한사코 선물을 받아달라는 것이었다. 참 난감했다. 받아야 할지 말아야 할지 잠시잠깐 망설이다가 뭔가 사연이 있겠거니 하고 염치불구하고 받았더니 여학생들 모두 몹시 기뻐하는 것이었다. 우리는 서로 기쁜 마음으로 손을 흔들면서 헤어졌다.

흐드를록 언덕에 올랐다. 언덕 위에서 내려다 본 사프란볼루 차르쉬 마을 풍경은 너무도 아름답고 평화로웠다. 돌담에 상반신을 걸치고 시나브로 노을이 지고 있는 마을을 한참 바라보았다. 지친 몸을 쉴 겸해서 이곳에 있는

흐드를륵 언덕의 찻집 흐르를륵 언덕 위에는 예쁜 찻집이 있어 사프란볼루 전통마을을 구경하고 언덕에 오르느라 지친 몸을 쉴 수가 있었다.

사프란 티 황금빛 사프란 티 한 잔을 시키고, 어느덧 뉘엿뉘엿 지는 햇살에 붉은 기와지붕이 더욱 붉게 보이는 마을을 한동안 바라보면서 나는 마치 동화 속의 주인공이 된 듯 행복감에 젖어 들었다.

찻집에서 황금빛 사프란 티 한 잔을 시키고, 어느덧 뉘엿뉘엿 지는 햇살에 붉은 기와지붕이 더욱 붉게 보이는 마을을 한동안 바라보면서 나는 마치 동화 속의 주인공이 된 듯 행복감에 젖어 들었다.

한동안 왜 그 어린 여학생들이 나와 사진을 찍고 선물까지 주었는지 수수께끼였다. 그런데 시간이 좀 지나서 한 가지 집히는 것이 있었다. 며칠간 터키 여행을 하면서 버스에서 틀어주는 가요를 들은 적이 있었고, 숙소의 TV에서 터키 뮤직 비디오를 몇 번 본적이 있었다. 그런데 터키 가요가 우리나라 뽕짝이랑 꽤나 닮았다는 느낌이 들었고 뮤직 비디오는 스토리나 장면이

사프란볼루 전통가옥 미니어처 사프란볼루에서 터키 여학생이 선물로 준 이 전통가옥 모형을 볼 때마다 다시 그곳에 가고 싶은 생각이 불쑥 든다.

소박한 데다 재미가 없었다. 그래서 내 나름대로는 '아마도 이 여학생들은 터키식 뽕짝에 질려서 젊은이 취향에 맞는 한류가수 팬이 아니었을까? 그래서 꼬레아에서 온 나 같은 평범한 사람도 반가움의 대상이 되지 않았을까?'하고 추측을 해보았다.

  귀국 후에 구글 검색을 통해서 확인해 보니, 2013년도에 이스탄불에서 '경주세계문화엑스포 2013'이란 제목으로 K-팝 행사가 열렸는데 터키 전역뿐 아니라, 이란, 불가리아, 그리스, 프랑스, 독일 등 유럽에서 9천 명의 한류 팬들이 모여 한바탕 축제를 벌였다고 한다. 그야말로 야단법석 난리가 났었던 모양이다. 추측해 보건데 아마도 이 행사 이후에 터키 청소년들이 한국을 몹시 좋아하는 것 아닌가 하는 생각이 든다. 비로소 궁금증이 풀렸고 나는 터키 여행에서 즐거운 에피소드를 남겨 준 그 여학생들이 고마웠다.

  '얘들아, 너희들이 준 이 전통가옥 모형을 보니 언제가 다시 사프란볼루에 가고 싶은 생각이 불쑥 드는구나.'

자연과 인간이 빚은 경이, 카파도키아(1)

벌룬 투어 / 괴레메 야외 박물관 / 차우쉰 올드 빌리지
파샤바 버섯바위 / 로즈밸리 트래킹

  9월 4일 금요일 아침, 사프란볼루를 출발하여 앙카라를 거쳐 카파도키아의 괴레메(Göreme)로 이동하였다. 이날은 무려 8시간을 버스로 이동해야 했기에 괴레메에 도착하면 저녁 6시가 넘어 관광을 할 수 있는 상황이 못 되었다. 그래서 이럴 바에야 괴뢰메에 밤 9시 넘게 도착하더라도 가는 길 중간에 있는 수도 앙카라(Ankara)에서 세 시간을 머물며 터키공화국의 국부인 아타튀르크 영묘에 다녀오기로 했다. 흑해 연안에 있는 사프란볼루에서 중부 아나톨리아에 있는 앙카라까지는 버스로 약 3시간 정노 설렸다. 앙카라 오토가르에 도착했을 때, 세 시간 후 카파도키아로 출발하는 버스 티켓을 미리 구입하기 위해 매표소를 찾았으나 일층 로비를 두리번거리며 두 바퀴를 돌 때까지 보이질 않았다. 할 수 없이 이층으로 올라가는 계단 옆에 서있던 터키 청년에게 물어보니 손으로 이층을 가리키며 이 위에 있다는 것이었다. 그러고 나서 우리 부부가 끌고 다니는 캐리어를 살펴보더니 무거워 보이는 내 가방을 들고 이층까지 올려다 주었다. 거듭 괜찮다고 얘기했는데도 친절을 베풀어준 젊은이가 나는 무척 고마웠다. 터키 여행 안내서에 카파도키아 관문도시인 네브쉐히르 오토가르에서 괴레메까지 세르비스 서비스를 제공하는 버스회사의 티켓을 구입하는 게 좋다고 나와 있어 '메트로' 버스회사를 찾

앙카라 오토가르 2층 버스티켓 판매소 풍경 버스티켓 판매소가 2층에 있는지 모르고 1층 로비를 두 바퀴나 돌았다.

아갔는데 창구 직원이 말하기를 금요일엔 네브쉐히르행 버스 티켓을 팔지 않는다고 한다. 할 수 없이 옆에 있는 다른 버스회사 매표소로 가서 티켓을 구입했는데 다행히 이 회사도 세르비스 서비스를 제공하였다.

  점심때도 지났고 해서 배가 출출하여 일층 식당에서 점심을 간단히 먹고 시계를 보니 조금 전에 구입한 카파도키아행 버스 출발 시간까지 1시간 30분밖에 남지 않았다. 사프란볼루에서 카파도키아행 직행버스를 타지 않고 굳이 앙카라를 거쳐 가려는 이유가 바로 이곳에 있는 아타튀르크 영묘를 구경하려는 것이었는데 시간이 별로 남지 않아 잠시 망설였다. 그래도 일부러 앙카라까지 왔는데 영묘를 안 보고 가면 무척 아쉬울 것 같고, 더군다나 영묘가 이곳에서 그리 멀지 않은 곳에 있는 것 같아서 오토가르 정문 앞에 정차해있는 돌무쉬를 타고 후딱 다녀오기로 작정했다. 무거운 캐리어를 끌고 돌무쉬에 올라타 출발하길 기다리고 있는데 30분이 지나도 떠날 생각을 안 해서 아쉽지만 포기하고 다시 오토가르 대합실로 가서 카파도키아행 버스를 기다렸다. 나중에 알게 되었지만, 아타튀르크 영묘를 가려면 이곳 오토가르

카파도키아행 장거리 버스의 좌석 터키의 장거리 버스에는 운전기사 외에 젊은 차장이 타고 있어서 차표 검사도 하고, 가는 도중에 손님에게 커피, 차와 같은 음료나 비스켓을 나누어 주었다.

구내에서 출발하는 지하철 앙카라이(Ankaray)를 타고 갔어야 했다. 이곳에서 불과 네 정거장 거리의 탄도안 역에서 내리면 걸어서 5분 거리에 아타튀르크 영묘가 있다. 또 영묘에서 가까운 울루스 광장에는 세계적으로 유명한 아나톨리아 문명박물관이 있다. 후기 신석기 유물로 인류 역사상 가장 오래된 집터라고 하는 차탈회윅의 신전가옥과 앙카라에서 동쪽으로 150km 떨어진 하투샤(Hattusa)에 도읍을 정하고 찬란한 청동기 문명을 일구었던 고대 히타이트 제국의 석조 유물이 이 박물관에 전시되어 있다. 언젠가 다시 터키를 방문하게 된다면 앙카라와 하투샤는 충분한 시간을 갖고 구경하고 싶다. 터키는 온 국토가 인류 문명의 보물창고였고 불과 보름 만에 구경할 수 있는 나라가 아니었다.

오후 세시에 카파도키아를 향해 출발했다. 앙카라에서 카파도키아 관문 도시인 네브쉐히르 오토가르까지 약 4시간 반 정도 걸렸다. 터키의 장거리 버스에는 운전기사 외에 젊은 차장이 타고 있어서 차표 검사도 하고, 가는 도중에 손님에게 커피, 차와 같은 음료나 비스켓을 나누어 주었다. 또 독일

네브쉐히르 가는 길 주변 풍경

벤츠사의 대형버스에는 각 좌석 앞에 마치 비행기 좌석처럼 AVOD(Audio-Video On Demand) 시스템이 설치되어 있고, USB 케이블만 있으면 핸드폰 충전도 가능하여 상당히 편하게 장거리 여행을 할 수 있었다.

　버스는 중부 아나톨리아 고원지대를 신나게 달렸다. 하늘에는 군데군데 넓게 퍼진 구름이 강렬한 햇빛을 가려 주었고, 드넓은 들판은 오래전에 추수가 끝난 듯 비워져 있었는데 그 빈자리를 키 작은 누런 들풀이 차지하고 있었다. 앙카라를 떠난 지 두어 시간 흘렀을 무렵, 차창 밖, 오후 1시 방향으로 호수처럼 물이 고인 곳이 보이기 시작했는데 물빛이 조금 이상하게 보였다. 물 색깔이 파란색이 아니라 흰색으로 보였기 때문이었다. 호수를 오른쪽에 끼고 버스가 달리기 시작했을 때 차창 밖으로 보이는 수면은 마치 한겨울철에 꽝꽝 얼어붙은 빙판처럼 보였다. 나는 '이것이 혹시 소금이 아닐까?' 하는 생각이 들었는데 정말로 그랬다. 이곳은 바로 터키의 유명한 소금 호수인 투즈괼루(Tuz-Gölü)였다. 조금 더 가니 관광객이 호수의 소금밭으로 걸어 들어가는 모습도 보였다. 나는 버스로 지나치면서 글자 그대로 주마간산한 것

소금호수 투즈괼루 이곳은 터키의 유명한 소금호수이다. 수면은 마치 한겨울에 꽝꽝 얼어붙은 빙판처럼 보였다.

에 불과했지만, 일부러 찾아가기가 쉽지 않은 투즈괼루의 신비한 자연경관을 직접 눈으로 보니 횡재한 기분이 들었다.

키르기스스탄의 톈산산맥 언저리에 '이식쿨(Issyk-Kul)'이라는 넓은 호수가 있다. 이식쿨은 키르기스어로 '따스한 호수'라는 뜻이며 과거 실크로드 천신북로의 중요 거점으로 당나라 현장법사도 이식쿨 호수를 거쳐 인도로 갔다. 이 호수가 따스한 호수로 불리게 된 것은 겨울철에도 얼지 않기 때문이다. 이식쿨은 염분농도가 3.5%인 바닷물보다는 낮지만 0.6%의 염도를 갖고 있어 소금 호수라는 뜻의 '투즈쿨(Tuz-Kul)'이라고도 부르는데, 터키어 '투즈괼루(Tuz-Gölü)'와 단어가 많이 비슷하다. 사실 중국과 국경을 맞대고 있는 중앙아시아의 키르기스스탄 주민과 소아시아의 터키 주민은 인종적으로 유전적 형질 차이가 크지만 역사적, 언어학적으로는 동질성이 많아 범투르크계에 속한다.

버스는 소금 호수가 바라다보이는 휴게소에서 한 번 쉬고 네브쉐히르를 향해 달려갔다. 카파도키아의 관문 도시인 네브쉐히르 오토가르에 도착하니

카파도키아 괴레메 벌룬 투어 이날 새벽은 바람도 없고 하늘에는 별빛이 초롱초롱 빛나고 있어 벌룬을 날리기엔 최적의 날씨였다.

해가 저물고 있었다. 장거리 버스에서 내리자마자, 대기하고 있던 세르비스로 갈아 타고, 20~30분을 더 달려 괴레메 오토가르에 도착했다. 예약한 호텔은 오토가르에서 가까운 거리에 있었다. 호텔에 짐을 풀어놓고 밤 10시쯤 가까운 식당에 들러 시원한 맥주를 곁들여 늦은 저녁을 먹었다.

 괴뢰메 도착 다음 날, 해뜨기 전 시작하는 벌룬 투어를 하기 위해 새벽 4시에 일어났다. 새벽 5시에 호텔 정문 앞에서 기다리니 벌룬 회사의 승합차가 와서 신청자 이름을 확인하고 픽업하였다. 승합차는 캄캄한 새벽을 가르면서 잠시 달리다 운동장같이 넓은 공터에 우리를 내려줬다. 9월 초였지만 새벽 공기가 제법 쌀쌀하다고 해서 긴팔 남방에 얇은 패딩을 걸치고 나왔는데 그리 춥지 않았다. 공터 한쪽의 간이 건물에서 뜨거운 차와 커피, 빵을 제공해 주었다. 한국인 단체 관광객도 두 팀 정도 보였다. 이날 새벽은 바람도 없고 하늘에는 별빛이 초롱초롱 빛나고 있어 벌룬을 날리기엔 최적의 날씨였다. 아직 어둠이 깔린 공터에는 요란한 펌프 소리와 함께 땅바닥에 누워 있던 거대한 풍선들이 서로 경쟁하듯이 부풀어 오르기 시작했다. 어느 정도 벌

카파도키아 괴뢰메 벌룬 투어

룬이 부풀어 오르니 벌룬 바구니 상단에 매달린 버너에서 뜨거운 화염이 분출되기 시작했고 거대한 풍선은 점점 똑바로 세워졌다. 풍선이 똑바로 섰을 때 우리 일행은 벌룬 바구니에 올라탔다. 벌룬 회사 사진사가 탑승객을 팀별로 구분하여 사진 찍기를 마치니 풍선이 이륙하기 시작했다. 풍선은 내가 생각했던 높이보다 훨씬 높이 올라가 약간 긴장되기 시작하여 '요만큼만 올라가고 더 이상 올라가지 않았으면' 하고 바랐다. 이날 날씨는 바람이 거의 없고 매우 쾌청하여 대략 90~100개 정도의 벌룬이 떴다. 사방에서 색색가지 벌룬이 날아올랐다. 벌룬 투어에서 예쁜 사진을 얻으려면 자기가 탄 풍선보다 옆에 있는 풍선이 더 예뻐야 한다는 우스개가 있다. 풍선은 깊게 주름 잡힌 지형이 펼쳐진 위쪽을 향해 천천히 날아갔다.

한동안 주름 계곡 위를 날아가다가 파일럿이 버너에서 분사되는 화염 세

카파도키아 괴뢰메 벌룬 투어 사방에서 색색가지 벌룬이 떠올랐다. 이날 날씨는 바람이 거의 없고 매우 쾌청하여 대략 90~100개 정도의 벌룬이 떠올랐다.

기를 조절하여 고도를 크게 낮추더니 계곡 안으로 들어갔다. 계곡의 뾰족한 암석 꼭대기가 손에 잡힐 듯 아슬아슬하게 지나칠 때면 우리는 감탄을 하면서 파일럿에게 박수를 쳐주었고, 파일럿은 버너의 화염으로 '푸, 푸, 푸, 푹! 푹!' 소리를 내면서 화답해 주었다. 저 멀리 산등성이에 붉은 빛이 넓게 퍼지는가 싶더니 해가 불쑥 솟구쳐 오르면서 우리에게 아폴론의 화살을 쏟아부었다. 벌룬에서 맞이하는 일출은 각별한 재미를 더해줬다. 괴뢰메의 기기묘묘한 계곡 위를 한 시간여 날아가다가 편평한 지상으로 착륙했다. 파일럿은 미리 대기하고 있던 트레일러의 화물칸 위에 바구니를 정확히 안착시켰다. 놀라운 벌룬 조종술이었다. 지상에 착륙하여 벌룬 회사에서 준비한 샴페인을 한 잔씩 마시면서 짜릿했던 비행과 안전한 착륙을 자축하였다. 나는 안전 운행에 수고한 운영팀에 감사의 마음을 담아 팁 상자에 10리라를 넣었다. 또 팀별로 찍은 기념사진을 넣어 만든 벌룬 투어 인증서를 10리라 주고 구입했다.

승합차를 타고 다시 호텔로 돌아와 아침 식사를 하고, 오전 9시에 사전 예

카파도키아 야외 박물관 입구 이곳은 기독교 석굴교회가 모여 있는 곳에 울타리를 치고 야외 박물관이라 부르는 곳이다. 1984년 유네스코 세계유산으로 선정되었다.

약한 레드투어 픽업 차량이 오길 기다렸다. 레드투어는 석굴교회가 모여 있는 괴레메 야외 박물관을 구경하고, 데브렌트(Devrent) 계곡의 가족바위와 낙타바위를 본 다음 정면으로 로즈 밸리가 보이는 전망 좋은 식당에서 점심식사를 하고 나서 차우쉰 올드 빌리지와 카파도키아 파샤바의 새송이 버섯 바위를 구경한 다음, 괴레메로 돌아오는 길에 아바노스 도자기 마을의 공방에 들러 터키 전통 도자기를 구경하는 것이었다.

괴레메 야외 박물관은 기독교 석굴교회가 모여 있는 곳에 울타리를 치고 야외 박물관이라 부르는 곳이었다. 괴레메 마을에서 1.5km 떨어진 가까운 곳에 있으며 1984년 유네스코 세계유산으로 선정된 곳으로 입장료는 25리라였다. 이곳 석굴교회의 건축 시기는 후기 비잔티움 제국 시대인 10~12세기로, 카파도키아가 셀주크 제국에 의해 점령되기 이전이었다. 화산재 성분인 응회암 암벽을 파고들어가 만든 석굴교회는 그 건축 시기가 비잔틴 황제

카파도키아 야외 박물관(카란륵 교회 일대) 이곳 석굴교회의 건축시기는 후기 비잔티움 제국 시대인 AD 10~12세기로 카파도키아가 셀주크 제국에 의해 점령되기 이전이었다.

에 의한 성상파괴시기(725~842년)로부터 한참 지난 때라서 석굴의 천정과 벽면은 매우 다채로운 색상의 프레스코 벽화가 풍부하게 장식되어 있었고, 오랜 세월이 지났음에도 원래 색상이 비교적 잘 보존되어 있었다. 석굴교회 구경은 입구에서 가까운 순서대로 반시계 방향으로 돌면서 구경하였는데, 성 바실리우스 교회, 11~12세기에 지어진 엘말르 교회(일명 사과 교회), 11세기 후반의 성 바르바라 교회, 일란르 교회, 수도원 식당, 12세기말에 지어진 카란륵 교회(일명 어둠의 교회), 성 캐서린 교회, 12세기 말~13세기 초에 지어진 차르클르 교회(일명 샌달 교회) 순으로 구경하였고, 이곳 야외 박물관 울타리 바깥으로 100m 아래쪽에 위치한 토칼리 교회(일명 혁대 교회)는 사실 있는지도 몰랐고 투어 가이드도 안내해 주지 않아서 구경하지 못했다. 나는 비잔티움 시대의 기독교 성화나 교회 건축양식에 대해서는 아는 바가 거의 없는 데다 현지인 투어 가이드가 영어로 뭔가를 열심히 설명해 주었지만 제대

카파도키아 파노라마 풍경 정면에 보이는 높다란 둔덕이 레드밸리로 카파도키아의 석양을 볼 수 있는 명소이다.

로 알아들을 수가 없어서 각 석굴교회 입구에 세워 놓은 푯말에 적힌 교회 이름과 건축 시기만 훑어보고 들어갔다. 사정이 그랬기에 서너 곳 구경을 마치고 나니, 저 석굴이 이 석굴처럼 보여서 흥미를 잃었다. 그러나 사실 이곳 석굴교회는 각 교회마다 성화의 주제와 색깔, 장식문양의 종류, 건축양식에 다소간 차이가 있다고 한다. 다른 유적지도 마찬가지겠지만 미리 약긴이나마 공부하고 이곳을 구경했다면 훨씬 재미나게 구경할 수 있었을 텐데 지금 생각하니 무척 아쉽게 생각된다.

 야외 박물관 구경을 마치고, 승합차로 이동하여 카파도키아의 상징인 버섯바위를 차례로 구경했다. 크기와 모습이 아빠, 엄마, 아기처럼 보이는 가족바위와 마치 사막을 뚜벅뚜벅 걷는 모습을 한 낙타바위는 주변 풍경과도 잘 어울렸다. 점심때가 되어 괴뢰메의 멋진 파노라마를 볼 수 있는 식당에서 식사를 하고, 차우쉰 올드 빌리지와 카파도키아의 상징인 버섯바위가 모여있는 파샤바를 구경했다. 파샤바의 버섯바위는 다른 곳에 비해서 생김새가 특이했다. 버섯바위는 웅장한 크기의 하얀 기둥에 새까만 고깔을 씌워놓은

카파도키아 가족바위와 낙타바위(데브렌트 계곡) 크기와 모습이 아빠, 엄마, 아기처럼 보이는 가족바위와 마치 사막을 뚜벅뚜벅 걷는 모습을 한 낙타바위는 주변 풍경과도 잘 어울렸다.

카파도키아 버섯바위(파샤바) 어느 버섯기둥에는 실제 사람이 산 듯 대문이나 창문처럼 생긴 구멍이 뚫려 있어 이곳에서 금방이라도 개구쟁이 스머프가 튀어나와 '호쉬 갤디니즈!' 하고 인사를 할 것만 같았다.

듯 했는데 어느 버섯기둥에는 실제 사람이 산 듯 대문이나 창문처럼 생긴 구멍이 뚫려 있어 이곳에서 금방이라도 개구쟁이 스머프가 튀어나와 '호쉬 갤디니즈(Hoş geldiniz·환영합니다)!' 하고 인사를 할 것만 같았다.

　이렇게 하루 관광일정을 마치고 돌아오는 길에 가이드의 안내로 괴뢰메 북쪽에 있는 도자기와 카펫으로 유명한 아바노스 도자기 마을에 들렀다. 이곳에서는 터키에서 가장 긴 강인 크즐으르막(Kızılırmak) 주변에서 나는 질 좋은 흙을 사용하여 발로 물레를 직접 돌리는 전통기법으로 도자기를 만든다고 한다. 어느 공방에 들어가 도자기 구경을 했는데 전시장에는 아주 다양한 형태와 문양의 도자기와 타일이 전시되어 있었고 한쪽 테이블에서는 몇 명의 여성 작업자가 쟁반같이 커다란 접시에 예쁜 문양을 그려 넣고 있었다. 진

카파도키아 아바노스 도자기 마을의 도자기 공방 전시실   히타이트 왕국의 와인 주전자 사용법 (자료 사진)

열장에 전시된 도자기의 문양과 그림이 너무 예뻐서 사진을 한 방 찍었더니 매니저가 사진을 찍으면 안 된다며 손을 저었다. 이곳에는 도넛처럼 생긴 동그란 링의 윗부분에 주둥이와 손잡이가 달린 기묘한 세라믹 주전자가 유난히 많이 전시되어 있었는데, 이것은 고대 히타이트 제국의 술 주전자를 모방한 것이다. 동그란 링은 히타이트인들이 믿었던 태양신 라(Ra)를 상징하며, 주전자로 붓는 와인은 그들이 믿는 태양신의 피를 상징한다. 시종이 임금에게 와인을 따를 때는 동그란 링에 오른팔을 집어넣어 어깻죽지에 걸친 다음 절을 하듯 몸을 크게 숙여 술을 따랐다고 한다. 매니저는 우리 일행을 이층에 있는 전시장으로 안내했는데, 이곳에는 매우 나양한 도사기와 타일이 형태별로 분류되어 전시되어 있었다. 한눈에 봐도 가격이 만만치 않을 것 같아 가격을 물어볼 엄두도 안 났는데, 이스탄불 톱카프 궁전에서 봤던 예쁜 꽃문양이 그려진 손바닥 크기의 타일 가격을 물어보니 기억이 정확하지는 않지만 우리 돈으로 20만 원가량 불렀던 것 같다. 타일의 문양과 색상이 마음에 들어 '질러볼까?' 하고 아내에게 물어보니 고개를 설레설레 내젓는다. 입맛만 다시고 그냥 구경만 하려는데 내가 움직이는 동선을 따라 종업원이 졸졸 따라다니는 것이 매우 부담스러워 얼른 전시장을 나가고 싶었다. 자리가 불편했던 도자기 공방 구경을 마치고 물이 가득한 크즐으르막 강을 건너 괴뢰메의 호텔로 돌아왔다.

카파도키아 로즈 밸리 입구 이곳에서 마주친 삼각뿔 모양의 기암괴석은 파샤바의 새송이 버섯바위 못지않게 신비했다. 로즈밸리로 들어가는 입구에서는 일단의 젊은 관광객이 쿼드 바이크를 타고 먼지를 휘날리며 신나게 달렸다.

    오후 5시에 로즈밸리 트래킹이 예약되어 있었다. 이 트래킹은 투어 가이드와 함께 꽤 넓은 계곡을 걸어 다니면서 기암괴석과 다양한 색깔의 주름 잡힌 지형을 구경하고 해가 지기 직전에 로즈밸리의 높은 언덕에 올라 카파도키아의 해넘이를 구경하는 것이다. 화산 지형인 카파도키아의 자연 경관은 하나하나 신비하기 짝이 없었고, 데린쿠유 지하도시에서는 '신앙심이란 과연 무엇인가?' 하는 상념에 젖게 만들면서 중세 기독교도의 우공이산(愚公移山)에 놀라움을 금할 수 없었지만, 누가 나에게 "카파도키아에서 가장 인상 깊은 곳이 어디였느냐?"고 묻는다면 나는 주저 없이 "로즈밸리와 으흘라라 계곡"이라고 말할 것이다.

    로즈밸리로 들어가는 입구에서 넓은 평지를 만났는데, 한쪽에서 일단의 젊은 관광객들이 네 바퀴가 달린 모터바이크를 타고 요란한 엔진소리와 함께 흙먼지를 휘날리며 달려 나오고 있었다. 이것은 쿼드 투어라고 불리는 것이었다. 나는 산행을 할 때 음악을 크게 틀고 산을 오르는 사람이 이해가 안 되는 것처럼 이곳 자연이 빚은 카파도키아에서 쿼드 바이크를 타고 먼지를 휘날리며 신나게 달리는 젊은 관광객과 마주쳤을 때, 그 용솟음치는 젊음이 이해가 안 되는 것은 아니었지만 조금 안타깝게 생각되었다.

카파도키아 로즈밸리 가는 길 오솔길, 수도원 사과나무, 수도원 포도나무
나는 신선한 공기를 마시면서 잡풀과 잡목 사이로 굵은 모래가 깔린 오솔길을 사각사각하는 발자국 소리를 내면서 걷는 게 무엇보다 좋았다.

    이곳에서 마주친 삼각뿔 모양의 기암괴석은 오늘 오후에 구경했던 파샤바의 새송이 버섯바위 못지않게 신비했다. 우리 일행은 나지막한 능선을 두어 개 넘고 평지로 내려가 잡목과 풀 사이로 난 오솔길을 따라 계곡 깊숙이 들어갔다. 나는 신선한 공기를 마시면서 잡풀과 잡목 사이로 굵은 모래가 깔린 오솔길을 사각사각하는 발자국 소리를 내면서 걷는 게 무엇보다 좋았다. 얼마간 걸어가니 웅장한 암벽 밑에 도착했다. 이곳엔 폐허가 된 지 오래된 자

카파도키아 로즈밸리 언덕

그마한 기독교 수도원 건물이 하나 있었고 건물 주변에는 키 작은 포도나무가 많이 있었다. 이 포도나무는 어쩌면 그 옛날 수도원의 수도사들이 길렀던 나무였을지도 모르겠는데 지금은 야생의 포도나무처럼 자라고 있었다. 한쪽에는 골프공만한 사과가 주렁주렁 매달린 사과나무도 한 그루 있었고 땅바닥에는 사과 알이 뒹굴고 있었다. 땅에 떨어진 사과를 몇 알 주워서 맛을 보았더니 사과향이 은은하게 퍼지면서 달

카파도키아 로즈밸리 석양 석양녘 병풍처럼 펼쳐진 붉은 토양의 산은 장엄했다. 나는 지는 해를 한동안 바라보면서 마음속으로 우리 부부의 건강과 행복을 빌었다.

콤하니 먹을 만했다. 우리 일행은 사과나무와 포도나무 지대를 지나 암벽에 난 길을 따라 올라갔다. 해넘이를 보는데 안성맞춤인 언덕 바로 아래에 작은 휴게소가 하나 있었다. 이곳에서 10분간 쉴 때, 나는 오랜 시간 길 안내를 맡은 터키인 가이드에게 목이라도 축이라고 물 한 병을 사서 드렸더니 그는 무척 고마워했다. 우리가 로즈밸리의 황토 빛 언덕에 올랐을 때 그는 나에게 부부동반 사진을 찍어주겠다고 말하며 지는 해를 배경으로 정성스럽게 사진을 찍어 주었다. 석양녘 병풍처럼 펼쳐진 붉은 토양의 산은 장엄했다. 나는 지는 해를 한동안 바라보면서 마음속으로 우리 부부의 건강과 행복을 빌었다. 해는 산 너머로 사라지고 땅거미가 지기 시작하여 우리 일행은 산등성이를 타고 평지로 내려갔다. 카파도키아에서 맞이한 첫째 날은 이렇게 꿈결같이 지나갔다.

자연과 인간이 빚은 경이, 카파도키아(2)
셀리메 수도원 / 으흘라라 계곡 / 용눈이 오름 / 데린쿠유 지하도시

　카파도키아에서 맞이한 두 번째 날, 그린 투어라고 이름 붙여진 일일 투어를 했다. 이 투어는 괴뢰메에서 멀리 떨어진 으흘라라 계곡(Ihlara Valley)과 데린쿠유 지하도시(Derinkuyu Underground City)를 한데 묶어 구경하는 것이다. 오전 첫 일정으로 으흘라라 협곡의 끝자락에 있는 셀리메 수도원(Se-lime Monastery)으로 향했다.

　셀리메 수도원은 응회암으로 된 거대한 암벽의 정상 부근에 동굴을 파서 지었는데, 카파도키아 지역에서 가장 규모가 큰 수도원이었다. 건립 시기는 8~9세기로 추정되지만 이곳의 프레스코 벽화는 10~11세기에 그린 것으로 이렇게 거대한 규모로 되기까지 200년 이상 걸렸을 것으로 보고 있다. 12세기 이 지역을 장악한 셀주크 제국 시대에 많은 낙타 외양간을 구비한 카라반사라이로 용도 변경되었다. 카라반사라이는 실크로드에서 일종의 호텔이었으며, 셀주크 제국은 터키에서 교역을 장려하기 위해 무역상과 그들이 데리고 다닌 동물들을 이곳에서 3일간 무료로 묵을 수 있게 해주었다. 카라반사라이로 사용되었던 셀리메 수도원은 대항해 시대의 도래로 인해 실크로드를 통한 무역이 시들해지기 시작한 16세기 이후에 문을 닫았고, 동네 아이들이나 양치기 이외엔 아무도 사용하지 않았는데 불행히도 이것이 수도원에 큰

카파도키아 셀리메 수도원 수도원에는 굴뚝이 있는 넓은 부엌, 우물터, 미션스쿨, 저장소, 수도승의 거주지, 노새 외양간, 예배당, 대성당이 있고 이 방들은 미로처럼 서로 연결되어 있다.

손상을 입혔다.

   수도원에는 굴뚝이 있는 넓은 부엌, 우물터, 미션스쿨, 저장소, 수도승의 거주지, 노새 외양간, 예배당, 대성당이 있고 이 방들은 미로처럼 서로 연결되어 있다. 대성당은 응회암을 파서 만든 둥근 반원형 지붕을 좌·우 돌기둥이 떠받치는 형태였고 비록 전체적으로 투박하였지만 굵직한 돌기둥에서 나오는 장중함이 느껴졌다. 이곳은 원래 수많은 프레스코 벽화로 장식되었으나 12세기 이후에 이 지역을 장악했던 이교도의 반달리즘에 의한 파괴와 오랜 세월에 걸쳐 이곳에서 음식을 조리하는 바람에 천정이고 벽면이고 새까만 숯검정으로 뒤덮여 벽화는 거의 보이지 않았다. 또 어느 방은 벽면의 일부가 터져서 바깥 풍경이 훤히 드러나 보였다. 이곳에서 바라본 미루나무가 우거진 으흘라라 고원의 풍광은 장쾌하였다. 일설에 따르면, 조지 루카스 감독이 자신의 영화 스타워즈에서 해가 두 개 뜨는 타투윈 별의 에피소드 장면에 대한 영감을 이곳 셀리메 수도원과 주변 풍경에서 얻었다고 한다. 그러나

카파도키아 셀리메 수도원 수도원에서 내려다본 풍경. 조지 루카스 감독이 자신의 영화 스타워즈에서 해가 두 개 뜨는 타투인 별의 에피소드 장면에 대한 영감을 이곳 셀리메 수도원과 주변 풍경에서 얻었다고 한다.

    터키 정부에서 촬영 허가를 내주지 않아 실제 촬영지는 이곳이 아닌 튀니즈의 마트마타 세트장이었다.
    수도원 구경을 마치고 차를 타고 14km 떨어진 곳에 있는 으흘라라 계곡 매표소로 갔다. '온천'이란 뜻의 으흘라라 계곡은 카파도키아 남쪽의 엘지에스 산(3,916m)이 수차례 분화하면서 생성된 화성암이 오랜 세월에 걸쳐 침식되어 만들어진 16km 길이의 골짜기이다. 골짜기에는 멜렌디즈 개울이 흐르고 있어 물을 쉽게 구할 수 있기에 협곡의 벼랑에는 수많은 동굴 주거지와 60여 개에 달하는 석굴교회가 있다. 흔히 이들 유적지는 기독교가 공인되기 이전에 종교탄압을 받던 기독교도가 이곳에 숨어들어와 만든 것으로 생각하기 쉽지만, 사실은 기독교가 국교였던 비잔티움 제국이 이곳을 차지했던 AD 7~11 세기에 대부분 만들어진 것이다. 또 사람이 쉽게 접근하기 힘든 카파도키아의 암벽에 유난히 교회나 수도원이 많이 세워진 것은 아마도 이곳 카

아찰쯔 석굴교회의 프레스코 나는 매우 놀랍게도 이 석굴교회의 프레스코 벽화에서 우리나라 국보 제95호인 '고려청자 투각칠보무늬뚜껑 향로'의 뚜껑에 투각된 칠보무늬의 원형이라고 판단되는 문양을 우연히 발견하였다.

파도키아에서 태어나서 나중에 카파도키아의 대주교이자 신학자가 된 성 바실리우스(AD 329~379년)에 의해 시작된 청빈, 노동, 공동체 생활을 특징으로 한 수도원 운동의 산물이 아닐까 싶다.

프레스코 벽화로 유명한 30여 개 석굴교회 중에서 특히 터키어로 '나무아래 교회'라는 뜻의 아찰쯔 교회(Agacaltı Kilise)와 코카 교회(Kokar Kilise)는 트래킹 코스 주변에 있어 쉽게 구경할 수 있는데 시간이 허락한다면 꼭 구경해 볼만한 곳이다. 나는 매우 놀랍게도 이 석굴교회의 프레스코 벽화에서 우리나라 국보 제95호인 '고려청자 투각칠보무늬뚜껑 향로'의 뚜껑에 투각된 칠보무늬의 원형이라고 판단되는 문양을 우연히 발견하였다. 이 문양은 봄이 지나고 녹음이 점점 짙어가는 오뉴월이 되면 하얀 십자형 꽃을 피우는 산딸나무 꽃을 쏙 빼 닮았기에, 나는 나중에 이 문양의 기원에 대해 조사하면서 '산딸나무 꽃무늬'란 이름을 지어 주었다. 필자는 동서 문명교류의 명백한 증거인 이 놀라운 발견에 대해서 터키 여행기 뒷부분에 따로 상세하게 이야기하였다.

카파도키아 으흘라라 계곡 개울이 흐르는 계곡에는 유난히 키가 껑충한 미루나무가 숲을 이루고 있었다. 한낮의 햇살은 여전히 뜨겁게 내리쬐었지만 개울을 따라 걷는 발걸음은 경쾌하였다.

    으흘라라 계곡은 장쾌하였다. 매표소에서 협곡으로 내려가는 초입에는 연두색 열매가 맺힌 올리브 나무가 몇 그루 있었고, 개울이 흐르는 계곡에는 유난히 키가 껑충한 미루나무가 숲을 이루고 있었다. 아나톨리아 고원지대를 버스로 여행하다 차창 밖으로 미루나무가 많이 보인다 싶으면 주변에는 오아시스처럼 물이 고여 있거나 개울이 흐르고 있는 것을 볼 수 있었다. 터키의 한 대학에서 한국어를 전공한 현지인 가이드는 우리 일행에게 이 나무 이름이 무엇이냐고 맞춰보라고 했는데, 내가 즉각 '미루나무'라고 답했더니 이렇게 쉽게 맞추는 것을 보니 틀림없이 나이가 50대일 것이라고 말하면서 한국에는 이제 미루나무 보기가 힘들어져서 한국의 젊은이는 이 나무 이름을 잘 모를 거라고 말하여 우리 일행을 크게 웃겼다. 그는 한국 사정에 매우

카파도키아 기생화산, 오름 달리는 승합차의 차창 밖을 무심하게 내다보고 있었는데 문득 주변 풍경이 어째 조금 낯익다는 느낌이 들었다. 차창 밖으로 마치 밥주발을 엎어놓은 듯 봉긋한 언덕이 연이어 스쳐 지나가는 것이었다. 가만히 살펴보니 제주도에서 흔히 볼 수 있는 기생화산인 오름이었다.

정통한 현지인 가이드였다. '으흘라라'를 발음하다 보면, 나도 모르게 '룰루랄라'가 떠올랐다. 이 계곡으로 내려가 시냇물을 옆에 끼고 미루나무와 버드나무를 비롯한 갖가지 나무로 우거진 오솔길을 걷다보면 '룰루랄라' 하는 흥이 질로 나왔다. 협곡을 흐르는 개울을 따라 약 한 시간 정도 걸었나. 한 낮의 햇살은 여전히 뜨겁게 내리쬐었지만 개울을 따라 걷는 발걸음은 경쾌하였다.

협곡 트래킹을 마치고, 계곡 반대쪽 주차장에서 우리 일행을 기다리던 승합차를 타고 계곡 위 평지로 올라 근처에 있는 식당에서 점심 식사를 했다. 오늘 오후 일정은 데린쿠유 시에 있는 지하도시 구경이다.

터키 카파도키아에서 제주도 용눈이 오름을 보게 된 것은 데린쿠유로 가기 위해 고원지대를 신나게 달리고 있을 때였다. 카파도키아는 화산지대로 이 일대에는 엘지에스 산을 비롯한 휴화산이 서너 개 있다고 한다. 나는 달리는 승합차의 차창 밖을 무심하게 내다보고 있었는데 문득 주변 풍경이 어

카파도키아 기생화산, 오름 어느 커다란 오름의 비탈에 제주도 고유의 묘지 형태인 산담(돌 울타리)이 보이는 것이 아닌가? 와! 저것은 틀림없는 제주도 용눈이 오름이었다.

째 조금 낯익다는 느낌이 들었다. 차창 밖으로 마치 밥주발을 엎어놓은 듯 봉긋한 언덕이 연이어 스쳐 지나가는 것이었다. 가만히 살펴보니 제주도에서 흔히 볼 수 있는 기생화산인 오름이었다. 메마른 오름 주위에 갈대와 삼나무가 조금 우거져 있으면 제주도 오름이랑 크게 다르지 않았다. 오름 지대가 거의 끝나갈 무렵, 오른쪽 차장 밖을 내다보던 나는 내 눈을 의심하였다. 어느 커다란 오름의 비탈에 제주도 고유의 묘지 형태인 산담(돌 울타리)이 보이는 것이 아닌가? 와! 저것은 틀림없는 제주도 용눈이 오름이었다. 나는 내 눈이 의심쩍어 자세히 살펴봤다. 카파도키아의 용눈이 오름의 산담 속에는 봉분으로 보일 만한 그 무엇은 보이지 않았지만, 뚜렷한 사각형의 돌 울타리 형태라든지 이 주위로 흐릿하게 남은 여러 개의 돌 울타리 자국이 더욱 제주도 용눈이 오름을 연상시켰다.

승합차는 오름 지대를 벗어나 데린쿠유 지하도시에 도착했다. 1963년 우연히 발견된 데린쿠유는 이곳에서 9km 떨어진 곳에 있는 또 다른 지하도시

카파도키아 데린쿠유 지하도시 1963년 우연히 발견된 데린쿠유는 카파도키아에서 제일 큰 지하 동굴로 '깊은 우물'이란 뜻이 담겨 있다. 지하 8층으로 이뤄져 있으며, 적게는 3천 명에서 많게는 2만 명까지 거주했을 것으로 추정하고 있다.

카이마클리(Kaymakli)와 함께 카파도키아에서 가장 큰 지하 동굴로 '깊은 우물'이란 뜻이 담겨 있다. 이름이 뜻하는 것처럼 가장 깊은 곳은 지상에서 80미터 깊이에 있고 지하 8층으로 이뤄져 있으며, 적게는 3천 명에서 많게는 2만 명까지 거주했을 것으로 추정하고 있다. 지하도시는 한 사람이 간신히 허리 굽혀 지나갈 정도로 좁은 통로도 있지만 생활공간은 제법 넓은 편이며, 지하에서 사는데 필수적인 환기시설과 우물도 구비되어 있고, 마구간, 곡식창고, 부엌, 식당, 기름 짜는 곳, 교회, 포도주 양조장 같은 시설을 갖추고 있었다.

카파도키아의 화산 분출물이 쌓여 만들어진 석질이 부드러운 응회암에 누가 맨 처음 동굴을 파고 들어갔는지는 수수께끼이다. 흔히 로마 제국이 가했던 종교 박해를 피하려고 초기 기독교인들이 동굴을 파고 숨었던 장소로 알려져 있지만, 이 동굴의 기원은 이보다 훨씬 더 옛날로 거슬러 올라간다. 이

카파도키아 데린쿠유 지하도시 미로같이 얽히고설킨 지하도시는 상상을 초월하는 규모였다. 이곳은 마치 개미굴과도 같았고 이 개미굴을 몇 세대에 걸쳐 뚫었으니 이곳은 가히 서양판 우공이산의 현장이었다.

곳을 연구한 고고학자에 의하면, 이 동굴을 처음 파기 시작한 사람은 BC 10~8세기경의 프리기아 사람, 혹은 그 이후 페르시아 사람이거나 어쩌면 이보다 훨씬 앞서 BC 15세기경에 아나톨리아 고원지대를 차지했던 히타이트 사람일 것으로 추정하고 있다. 이 미스터리한 지하도시가 기록에 처음 등장한 것은 BC 5세기경 그리스인으로 당시 페르시아 왕위 쟁탈전에 용병으로 참전했던 크세노폰 장군이 쓴 『아나바시스(Anabasis)』란 책이다. 이 책에는 이 지역의 집들이 '사람이 출입할 수 있는, 우물 입구처럼 생긴 구멍이 있는 지하 구조물로 이루어져 있는데 공간이 매우 널찍하다.'라고 적혀 있다. 이곳에서 AD 4세기경 로마 시대 초기 기독교인의 생활 흔적도 발견되었지만, 동굴의 대부분은 비잔티움 제국이 아랍 또는 셀주크 제국과 치열하게 영토전쟁을 치렀던 시기인 8~12세기경에 만들어졌다. 이곳 비잔티움 주민들은 평상시에는 땅 위에서 살다가 이민족의 침입을 받으면 지하로 들어가 방어를 했던 것으로 보인다. 이 지역의 지하도시는 지금도 새롭게 발견되고 있는데, 2014년에 이곳에서 또 다른 거대한 지하도시가 발견되었다. 이 지하 동굴은 깊이 113m까지 내려가 데린쿠유보다 1/3가량 더 깊을 뿐만 아니라 지하도시의 전체 면적도 데린쿠유보다 훨씬 더 클 수도 있다고 한다. 또 발굴된 구역의 일부에서 5~6세기에 만들어진 것으로 추정되는 동방정교의 수도원이 발견되었는데 이 수도원의 벽면에서 지하 동굴에서는 처음으로 프레스코화도 발견되었다. 아무튼 미로같이 얽히고설킨 지하도시는 상상을 초월하는 규모였다. 한 사람이 간신히 지나갈 수 있는 계단식 통로에는 맷돌같이 생긴 커다란 돌멩이를 옆으로 밀어 통로를 가로막을 수 있는 방어시설도 설치되어 있었다. 이런 것을 구경하고 사진을 찍느라 잠시 지체하고 뒤돌아섰을 때 앞에서 먼저 내려가던 일행이 눈앞에서 사라져 안 보일 때는 혹시라도 지하 미로에서 길을 잃지나 않을까 하는 생각에 머리털이 주뼛 곤두서기도 했었다. 누구 말대로 이곳은 마치 개미굴과도 같았고 이 개미굴을 몇 세대에 걸쳐 뚫었으니 이곳은 가히 서양판 우공이산의 현장이었다.

지하도시 구경을 마치고 지상으로 나와 숙소로 돌아가기 위해 주차장으로 향했다. 주차장 한 귀퉁이엔 기념품을 늘어놓은 자그마한 좌판을 벌여놓고 호객행위를 하는 어린 터키 소년이 있었다. 소년은 우리 일행을 향해서 "아~ 싸다! 아~ 싸다!"를 연신 외쳤다. 우리말 억양이 너무나 정확해서 우리 일행은 모두 감탄하였다. 기념품은 특별히 끌리는 것이 없는데다 2~3일 간격으로 계속해서 이동해야 했기 때문에 자그마한 것도 짐이 될까 싶어 구입하지 않았는데 지금 와서 생각하니 파란 눈동자 모양의 나자르 본주라도 하나 사줄 걸 하는 생각이 든다.

호텔로 돌아오는 길에 비둘기 계곡이 내려다보이는 곳에 들러 잠깐 풍경을 감상하고 가이드의 안내로 로쿰과 장미향수를 파는 가게에 들러 쇼핑을 하는 것으로 카파도키아 투어 일정을 모두 마쳤다. 오늘 밤 10시에 이곳 오토가르에서 출발하는 장거리 버스를 타고 밤새 달려 지중해 해안도시인 안

카파도키아 엘리스 하맘(터키식 목욕탕) 말로만 듣던 터키의 목욕 문화는 상당히 고급스럽고 품격이 있었다.

탈리아로 가야 한다. 시간도 많이 남았기에 터키식 공중목욕탕인 하맘에 가 보기로 했다. 카파도키아에서 유명한 엘리스 하맘은 오토가르에서 가까운 곳에 있었다. 풀코스 목욕 비용은 1인당 90리라 정도 했는데, 어제 저녁에 하맘 바로 옆에 있는 한식당에서 저녁을 먹고 받았던 할인쿠폰을 사용해서 30% 할인된 가격으로 들어갔다.

   처음 경험해 보는 터키탕의 목욕 순서는 다음과 같았다. 먼저 옷을 벗고 아랫도리를 가릴 수 있는 기다란 타월을 허리춤에 빙 둘러 걸치고 사우나 실에 들어가 땀을 흠뻑 뺀다. 그 다음 세신사의 안내를 받아 욕탕 중앙에 따끈하게 데워진 대리석 탁자 위에 올라가 편안히 눕고 가벼운 때밀이와 부드러운 거품 마사지를 받는다. 그 다음 샤워를 간단히 하고 따끈한 욕조에 들어가 공기방울이 허리를 세차게 마사지해 주는 스파를 5분 정도 하고 목욕을 마친다. 하맘 건물의 특징은 동그란 돔 지붕에 젖병같이 생긴 유리병이 빼곡히

카파도키아 항아리 케밥 항아리 케밥은 종류가 다양했는데 우리는 쇠고기 항아리 케밥을 시켰다. 진흙을 구워 만든 단지 속에 곱게 간 쇠고기와 양념을 넣어 만든 뜨거운 케밥은 입에 착 달라붙어 무척 맛있었다. 대부분 터키 식당에서는 프랑스의 바게트와 비슷한 빵인 에크멕(Ekmek)이 무료로 제공된다.

꼽혀 있는 것인데 이 지붕 바로 아래에 거품 마사지를 받는 대리석 탁자가 놓여 있었다. 목욕을 끝내고 로비로 나가니 애플 티를 한 잔 주었다. 말로만 듣던 터키의 목욕 문화는 상당히 고급스럽고 품격이 있었다. 특히 거품 마사지를 받을 때, 등과 다리를 풍성히 감싼 부드러운 거품이 꺼지면서 몸을 간지럽히는 촉감은 더 말할 나위 없이 좋았다. 아마 오스만 제국의 술탄도 거품 마사지와 스파가 포함된 이런 현대식 고품격 목욕 서비스를 받아 보지는 못했으리라. 이스탄불에는 16세기 오스만 제국의 건축가 미마르 시난이 지은 400년 이상 된 하맘이 있다. 챔버리타쉬 하맘과 술탄 아흐메트 공원 옆에 있는 아야소피아 휘렘 술탄 하맘이 그것인데, 언제가 다시 이스탄불에 가게 된다면 이곳에 꼭 들러보고 싶다.

목욕을 마치고 숙소로 가는 길목에는 카파도키아의 명물인 항아리 케밥 식

카파도키아 항아리 케밥 레스토랑

당이 줄지어 있었다. 아직 저녁을 먹지 않아 배가 출출하여 어느 케밥 집에 들러 쇠고기 항아리 케밥을 시켰다. 진흙을 구워 만든 단지 속에 곱게 간 쇠고기와 양념을 넣어 만든 뜨거운 케밥은 입에 착 달라붙어 무척 맛있었다. 늦은 저녁 식사를 마치고 숙소에 들러 사무실에 맡겨놓은 캐리어를 끌고 오토가르로 가서 안탈리아행 야간버스를 기다렸다.

제3장

청옥빛 지중해 연안의 고대 로마도시

안탈리아에 무궁화 꽃이 피었습니다

어젯밤 10시, 카파도키아에서 야간버스를 타고 지중해 연안의 안탈리아로 향했다. 버스는 밤새 지중해 방향으로 달려서 다음날 아침 8시 반쯤에 안탈리아 오토가르에 도착하였다. 이곳에서 다시 시내버스와 택시를 번갈아 갈아타고 도심의 칼레이치 지역에 있는 아담한 호텔에 도착하였다. 어젯밤 출발하여 이곳까지 오는데 거의 11시간이 걸렸다. 터키 땅은 생각보다 넓었다. 1층에 작은 수영장이 딸린 호텔의 식당에서 아침 식사를 마치고 방에 들어가 샤워를 한바탕 하고 그냥 침내에 누워 두어 시간 눈을 붙였다. 오후 두 시경 일어나니 몸이 한결 가뿐하였고 우리는 서둘러 시내 유적지 관광에 나섰다.

안탈리아의 관광지는 시내 중심가를 관통하는 아타튀르크 대로에서 지중해 바닷가에 이르는 지역, 즉 성의 안쪽을 일컫는 칼레이치 지역과 여기서 트램으로 몇 정거장 거리에 있는 안탈리아 박물관 주변의 지중해 해변 지역으로 구분된다. 오후 두 시를 훌쩍 넘긴 시각이라 문이 닫히기 전에 서둘러 안탈리아 고고학 박물관을 먼저 구경하고 돌아오는 길에 하드리아누스 문을 구경하기로 했다.

숙소에서 나와 트램을 타기 위해 아타튀르크 대로 쪽으로 나오다 우연히 우산거리를 보게 되었다. 여러 가지 색깔의 우산을 식당가 골목 위 공중에

안탈리아 우산거리 여러 가지 색깔의 우산을 식당가 골목 위 공중에 줄줄이 매달아 놨는데, 이렇게 우산이라는 소품만 사용해도 골목이 아주 환하고 예쁘게 보였다.

줄줄이 매달아 놨는데, 이렇게 우산이라는 소품만 사용해도 골목이 아주 환하고 예쁘게 보였다. 아이디어가 참신하다. 나중에 안 사실이지만, 이 곳 식당가에서 파는 케밥은 맛도 있고 값도 싸다고 하는데 아쉽게도 우리는 사전 정보가 없어 들르지 못했다. 칼레이치 지역의 중앙대로라고 할 수 있는 아타튀르크 거리의 한가운데에 다른 도시에서는 볼 수 없는 수로가 설치되어 있었다. 물이 찰랑거리는 수로를 따라서 키 큰 야자나무가 줄지어 있어서 한낮의 뜨거운 열기를 식혀 주었다. 아타튀르크는 터키공화국을 세운 국부이고 대부분의 시민들로부터 절대적인 존경과 사랑을 받는 영웅이다. 그래서 터키의 많은 도시는 중앙대로의 이름을 '아타튀르크 대로'라고 짓고 그의 동상도 곳곳에 세워 놨다.

안탈리아 박물관을 가기 위해 탔던 트램은 샌프란시스코 전차처럼 고풍스럽게 생겨 매우 예뻤다. 안탈리아 박물관에 가까이 다가갈 즈음, 바닷가 쪽

안탈리아 아타튀르크 대로 터키 어느 곳을 가든 '튀르크인의 아버지'로 불리는 무스타파 케말 아타튀르크의 이름을 딴 거리 이름이나 동상을 만나게 된다.

에 아타튀르크 동상이 세워진 것을 보게 되었다. 무스타파 케말 아타튀르크 (Mustafa Kemal Ataturk), 터키 어느 곳을 가든 그의 이름을 딴 거리 이름이나 동상을 만나게 되어 나는 그의 일생이 궁금해졌다.

오스만 제국 말기, 나라가 지구상에서 사라질 절체절명의 위기에서 아타튀르크는 민족과 나라를 구하고 부패하고 무능한 왕정을 철폐하여 민주공화국으로 탈바꿈시킨 현대 터키공화국의 국부이다. 그는 1881년, 당시에 오스만 제국의 영토였던 그리스 데살로니키에서 태어났고 터키공화국의 초대 대통령으로 15년간 재직하다 1938년 11월 10일 이스탄불 돌마바흐체 궁전에서 운명했다. 그는 오스만 제국의 육군사관학교를 졸업하였고 오스만 제국이 동맹국의 일원으로 참전한 제1차 세계대전 초에 영국, 호주, 뉴질랜드 연합군이 50만 대군을 동원하여 터키 영토인 갈리폴리 반도를 침공했을 때 8개월 간에 걸친 처절한 방어전 끝에 승리하여 국민적 영웅이 되었다. 이 전투를 갈리폴리 전투라고 부르며(터키에서는 차낙칼레 전투라고 부른다.), 이 침공 작전을 기획했던 영국 해군성 장관 윈스턴 처칠은 패전의 책임을 지고 물러

났다. 제1차 세계대전은 영국, 프랑스, 러시아의 연합국 승리로 끝났고, 1920년 전후 처리를 위한 세브르 조약에 의해 오스만 제국은 서구열강의 분할통치를 당하였다. 중동의 영토를 모두 잃었고, 아나톨리아의 상당 부분을 신생독립국 아르메니아에게 넘겨주어야 했으며, 에게 해에 접한 본토의 일부를 그리스에 양도해야만 했다. 아타튀르크는 이 암울한 상황에서 1919~1922년에 오스만 황제와 외세의 침략에 저항하는 독립전쟁을 전개하였다. 그

아타튀르크 동상(터키 안탈리아)

는 터키 민중들과 함께 크고 작은 수많은 전투를 승리로 이끌어 마침내 그리스를 비롯한 외국 군대를 소아시아에 완전히 몰아내 나라와 민족을 지켜냈다. 이곳 안탈리아도 제1차 세계대전 직후인 1918년 이탈리아가 점령했던 곳이지만 아타튀르크의 반격으로 1921년 터키공화국에 편입되었다. 국민의회는 1923년 10월 13일 앙카라를 터키 수도로 공표하는 한편 10월 29일에 터키가 공화국임을 선포하고 무스타파 케말을 초대 대통령으로 선출했다. 그는 정치인으로서 사회체계와 문화를 정비하여 현대국가인 터키공화국의 기틀을 다졌다. 오늘날 라틴 문자에 기반한 터키어 표기법은 그의 재임 시절에 문맹퇴치를 위해 도입한 문자개혁의 산물이었다. 아타튀르크는 '튀르크인의 아버지'란 뜻으로 원래는 터키 국민의회에서 받은 성씨이지만 끝내 이 성씨를 물려받을 자식을 남기지 않고 죽었기 때문에 결국 이 사람을 뜻하는 고유

안탈리아 박물관 이 박물관 컬렉션의 특징은 이 일대 고대 로마도시에서 출토된 수많은 조각상이다.

어로 정착되었다. 임시 묘소에 안치되었던 그의 시신은 1953년 수도 앙카라 시내가 한눈에 내려다보이는 언덕에 자리 잡은 아느트카비르에 영구히 안치되었다. 무스타파 케말 아타튀르크는 국부라는 칭호에 걸맞은 인물이고, 나라의 발전을 위해 지도자가 얼마나 중요한지를 보여주는 대표적인 인물이다.[1] 아타튀르크는 우리나라 조선 시대의 이순신 장군과 세종대왕을 합친 인물이었다. 그는 알면 알수록 매력적이고 위대한 사람이었다.

터키를 여행하면서 부러웠던 것 중의 하나가 이렇게 국민들이 존경하는 역사적·정신적 지도자가 민중들 가까이에서 살아 숨 쉬고 있는 장면을 봤을 때였다. 대한민국도 건국의 아버지인 백범의 동상이 광화문 광장에 우뚝 서 있으면 좋겠다. 그리고 이순신 장군 동상 대신 그 자리에 김좌진 장군상이 있으면 좋겠고, 대한민국 지폐 도안으로 우리에게 별로 감흥이 없을 뿐만 아니라 망한 나라인 조선 시대 인물은 이제 그만 퇴장시키고 도산 안창호, 우당

---

[1] 나무위키에 소개된 '무스타파 케말 아타튀르크'와 '갈리폴리 전투'의 내용을 요약한 것이다.

로마 장군의 신발(터키 안탈리아 박물관)과 일반 시민의 신발(그리스 코린토스 박물관) 로마군인의 신발은 부츠의 목 부분에 사자머리 장식이 달려 있는데 요즘 부츠와 비교해도 크게 손색이 없을 만큼 디자인이 세련되어 보였다. 일반 시민은 샌들을 신었다.

  이회영, 단재 신채호, 한힌샘 주시경과 같은 대한민국의 자주독립과 헌법정신을 대표하는 역사적 인물을 등장시켰으면 한다. 왜냐하면 우리는 조선 시대 왕의 백성이 아닌 내가 주인인 민주공화국 시민이기 때문이다.

  트램은 안탈리아 고고학 박물관 근처 종점에 도착하였다. 박물관 현관 왼쪽에 로마 시대 장군상이 있었다. 나는 문득 로마군인의 신발 모양이 궁금해서 동상 아래를 살펴봤다. 매우 재밌게도 부츠의 목 부분에 사자머리 장식이 달려 있는데 요즘 부츠와 비교해도 크게 손색이 없을 만큼 디자인이 세련되어 보였다. 일반인은 샌들을 신었다. 마가복음 1장 7절에 세례 요한이 예수님을 지칭하는 다음과 같은 구절이 나온다. "그가 전파하여 가로되, 나보다 능력 많으신 이가 내 뒤에 오시나니 나는 굽혀 그의 신들메를 풀기도 감당치 못하겠노라." 여기서 신들메란 샌들을 묶는 끈을 말한다. 로마인은 건축술뿐만 아니라 신발 제작 기술도 뛰어났다.

  안탈리아 박물관 컬렉션의 특징은 이 일대 고대 로마도시에서 출토된 수많은 조각상이다. 페르게에서 출토된 유명한 '지친 헤라클레스' 석상도 전시

페르게의 헤라클레스(왼쪽)와 파르네세의 헤라클레스(자료 사진) '지친 헤라클레스' 석상은 열두 가지 과업 중에 열한 개 과업을 천신만고 끝에 완수하고 지친 몸을 사자가죽을 걸친 올리브 몽둥이에 기댄 헤라클레스를 표현한 것인데, 다소 슬프면서 만감이 교차하는 듯한 얼굴 표정은 고전기 후반부터 헬레니즘 초기까지 그리스 미술의 주된 특징 가운데 하나이다.

되었지만 아쉽게도 실내 전시물은 사진촬영을 못하게 하였다. 이 석상은 BC 4세기(후기 고전기)의 그리스 조각가 리시포스(Lysippos)의 오리지널 청동상을 AD 2세기 로마 제국의 전성기 때 대리석상으로 복제한 것이다. 지친 헤라클레스 상은 로마 시대는 물론이고 그 이후에도 아주 많이 복제되었는데, 안탈리아 고고학 박물관에 있는 '페르게의 헤라클레스(Heracles Farnese of Perge)'와 이태리 나폴리 고고학 박물관에 있는 '파르네세의 헤라클레스(Heracles Farnese)'가 예술성에서 최고의 작품이라고 한다.

이 석상은 배꼽 지점에서 허리가 어슷하게 잘린 흔적이 있는데 여기엔 사연이 있다. 등신대의 이 헤라클레스 석상은 1980년 안탈리아 인근에 있는 고대 로마도시 페르게에서 발굴되었는데 상반신을 도난당했다. 1981년, 미국의 보스턴 미술관이 독일 프랑크푸르트의 한 미술품 딜러로부터 이 상반신을 구입하여 1982년부터 전시했다. 1990년 어느 학자가 뉴욕 메트로폴리탄 미술관에서 임대전시 중인 헤라클레스 상반신이 안탈리아 박물관의 헤라클레스 하반신과 짝이 맞는 것 같다고 지적을 했다. 이후 과학적인 조사를 거친 뒤 두 조각이 하나의 작품에서 나뉜 것이란 사실이 밝혀졌고 20여 년간 터키정부의 끈질긴 반환 요청에 따라 2011년 터키에 반환되었다. 둘로 나뉘었던 헤라클레스상은 상·하반신을 맞춰서 2012년부터 이곳 안탈리아 박물관에 전시되고 있다.[2]

'지친 헤라클레스' 석상은 열두 가지 과업 중에 열한 개 과업을 천신만고 끝에 완수하고 지친 몸을 사자가죽을 걸친 올리브 몽둥이에 기댄 헤라클레스를 표현한 것인데, 다소 슬프면서 만감이 교차하는 듯한 얼굴 표정은 고전기 후반부터 헬레니즘 초기까지 그리스 미술의 주된 특징 가운데 하나이다.[3]

이 열한 번째 과업은 헤라클레스에게 노역을 부과한 헤라 여신의 열 가지 노역 외에 에우리스테우스 왕이 추가로 시킨 두 가지 노역 가운데 하나였는데 바로 헤라 여신의 정원에 있는 사과나무에서 황금사과를 따오는 것이었다. 헤라클레스는 세상의 서쪽 끝에 있던 이 정원을 물어물어 찾아오게 되었다. 황금 사과나무는 대지의 여신 가이아가 헤라에게 준 결혼선물인데, 헤라는 이 사과나무를 매우 좋아해서 자신의 정원에 심게 했다. 그리고 황금사과를 탐내는 자가 많았기에 머리가 100개 달린 용에게 지키게 하고, 저녁의 요정인 세 명의 헤스페리데스 자매에게 사과나무를 돌보게 했다. 그래서 이 황금사과는 흔히 '헤스페리데스의 사과'라고 불리게 되었다. 헤라클레스가 이 근처에 왔을 때, 어깨로 하늘을 떠받치고 있던 거인 아틀라스를 만나게 되었다. 헤라클레스는 아틀라스가 헤라의 정원에서 황금사과를 따오는 동안 자기가 대신 하늘을 지고 있으면 어떻겠느냐고 제안했다. 무거운 하늘 짐으로부터 벗어나고 싶었던 아틀라스는 흔쾌히 동의하고 황금사과를 따왔다. 그는 헤라클레스에게 이 일을 시킨 에우리스테우스 왕에게 자신이 직접 사과

---

[2] 보스톤 미술관 보도자료(Museum of Fine Art, Boston; 2011. 9. 23)에서 발췌하였다.
[3] 터키 고고학 뉴스(Turkish Archaeological News; 2014. 7. 17)에서 인용하였다.

를 갖다 주고 올 테니 그동안 계속 하늘을 지고 있으라고 했다. 헤라클레스는 동의하는 척하면서 어깨에 방석을 댈 동안만 잠시 하늘을 떠받쳐달라고 부탁했다. 아틀라스가 의심 없이 하늘을 받쳐 든 사이에 헤라클레스는 땅에 놓아둔 황금사과를 들고 냅다 달아나버렸다.[4]

지친 헤라클레스 석상을 보면, 헤라클레스의 오른손이 마치 뒷짐을 지듯이 등 뒤로 가 있는 것을 볼 수 있다. 원형이 온전히 보존된 나폴리 고고학 박물관의 파르네세 헤라클레스는 등 뒤로 가져간 오른손에 헤라 여신의 정원에서 가져온 황금사과 세 알을 쥐고 있는데, 이곳 페르게의 헤라클레스도 마찬가지인지는 미처 확인해 보지 못했다. 또 페르게의 헤라클레스 석상은 올리브 몽둥이를 받치고 있는 부분이 황소머리로 되어 있지만, 파르네세 헤라클레스 석상에는 그냥 암석처럼 표현된 것이 두 작품 간에 큰 차이점이다. 그래서 혹시 페르게의 헤라클레스는 그의 일곱 번째 노역인 크레타 섬의 미친 황소를 맨손으로 사로잡은 후 지친 몸을 잠시 쉬는 장면을 묘사한 것이 아닌가 하는 생각도 든다.

실내 전시물 구경을 마치고, 기념품 가게에 들러 구경을 한 다음 뒤뜰에 놓인 테이블에 앉아서 배낭에 지고 온 점심꺼리를 먹으려는데, 뜨락 한가운데에 놓인 석관 하나가 눈에 들어왔다. 석관 옆면에는 마치 빨랫줄에 온갖 과일이 주렁주렁 매달려 있어 그 무게 때문에 축 늘어진 듯한 풍요의 뿔(코르누코피아)이 있었고, 그 한쪽 끝을 귀여운 아기가 붙잡고 있는 모습을 새겨 놓았다. 또, 축 늘어진 풍요의 뿔 위쪽 빈 공간에는 메두사 얼굴을 정교하게 새겨 놓았다. 터키 여행 마지막 날에 이스탄불 국립 고고학 박물관을 구경했을 때 알게 되었지만, 로마 제국의 전성기였던 2~3세기에 제작된 석관에는

---

[4] 구본형 저, 「구본형의 그리스인 이야기」(생각정원, 2013년)에서 인용하였다.

메두사 얼굴이 새겨진 로마 시대 석관(2세기, 터키 안탈리아 박물관) 로마 제국의 전성기였던 2~3세기에 제작된 석관에는 풍요의 뿔과 어린 아기, 그리고 메두사 얼굴을 정교하게 새겨 놓은 석관이 매우 많았다.

풍요의 뿔과 어린 아기, 그리고 메두사 얼굴을 정교하게 새겨 넣은 석관이 매우 많았다. 이 조형 의지에 대해서 『길 위에서 듣는 그리스·로마신화』를 쓴 이윤기 선생은 다음과 같이 해석하였다. "그리스·로마의 신화시대에는 죽은 자는 천국으로 올라가는 것이 아니라, 그리스어로 '기쁨'이라는 뜻의 뱃사공 카론의 배를 얻어 타고 스틱스 강을 건너 지하세계로 내려갔다. 이곳 지하세계는 '넉넉하게 하는 자'라는 뜻이 있는 염라대왕 '플루토스'가 지배하고 있는 풍요의 땅이었다. 석관에 새겨진 풍요의 뿔은 죽은 자가 지하세계에서 편안하고 행복한 삶을 살기를 바라는 마음을 나타낸 것이고 어린 아기엔 '재생'의 의미가 담겨 있는 것 같다." 그런데 눈이 마주치면 몸이 뻣뻣하게 굳으면서 돌멩이로 변한다는 그 무서운 메두사 얼굴을 왜 석관의 한복판에 함께 새겨 넣었을까? 나는 메두사 얼굴이 새겨진 로마 석관을 찬찬히 뜯어보며 조각의 정교함과 입체감에 감탄하면서도 이 점이 참으로 궁금했다.

점심을 간단히 마치고 다음 행선지인 하드리아누스 문을 구경하기 위해 뒤

무궁화(터키 안탈리아 박물관) 우리나라 국화인 무궁화를 터키에서 보게 될 줄은 생각지도 못했기에 무궁화를 보는 순간 무척 반가우면서 한편으로는 신기하게 생각되었다.

콘얄트 해변 풍경(터키, 안탈리아) 9월 초였지만 한낮의 햇볕은 여전히 뜨거웠고 땅에서 올라오는 열기는 후끈했다. 시간만 있다면 저 바닷물에 풍덩 뛰어들고 싶은 마음이 굴뚝 같았다.

뜰로 나오는데 자그마한 정원 한곳에 무궁화 꽃이 활짝 피어 있는 것을 발견하였다. 로마식 돌기둥 옆에 황제의 색상인 보랏빛 무궁화는 만개 시점을 지나 살짝 지고 있었지만 여전히 우아했다. 우리나라 국화인 무궁화를 터키에서 보게 될 줄은 생각지도 못했기에 무궁화를 보는 순간 무척 반가우면서 한편으로는 신기하게 생각되었다. 이곳에서 놀랐던 또 하나는 주차장 한편에 우뚝 서 있는 서너 그루의 소나무를 봤을 때였다. 그런데 이 터키 소나무는 안탈리아 구경을 마치고 인근 지중해 연안을 여행할 때도 흔히 볼 수 있었다. 이곳 안탈리아에서 지중해 휴양도시인 페티예로 갈 때 산맥을 하나 넘었는데 차창 밖에 펼쳐진 첩첩의 산에는 소나무가 빼곡하게 자라고 있어 나는 페티예 가는 길이 마치 우리네 서해안 고속도로를 달리는 것처럼 정겹게 느껴졌다. 우리나라 기후가 온대에서 점차 아열대성으로 바뀌는 바람에 산에는 소나무가 점차 사라지고 있고 소나무 생육의 남방한계선이 북쪽으로 이

하드리아누스 문 AD 130년 하드리아누스 로마황제가 안탈리아를 방문한 것을 기념하여 세운 개선문 형태의 출입문이다. 이 출입문 안쪽에 옛 도시와 항구가 있었다.

동하고 있다는 기사를 본 적이 있다. 몇십 년 후에도 우리 산에서 소나무를 계속 보기를 원한다면 이 곳 터키 소나무를 우리 땅에 심어 연구해 보면 어떨까 싶다. 박물관 밖으로 나와 길 건너 해안가 공원으로 가서 아래를 내려다보니, 푸르른 지중해와 길이가 수km는 됨직한 아름다운 해수욕장이 한눈에 들어왔다. '콘얄트'라 불리는 해변이었다. 9월 초였지만 한낮의 햇볕은 여전히 뜨거웠고 땅에서 올라오는 열기는 후끈했다. 시간만 있다면 저 바닷물 속에 풍덩 뛰어들고 싶은 마음이 굴뚝같았다.

다시 트램을 타고 칼레이치 지역의 하드리아누스 문 앞 정거장에서 내렸다. 아타튀르크 대로변에는 마치 로마 시대를 상징하는 청동인물상이 이곳저곳에 세워져 있었다. 청동상에서 뽕짝기가 살짝 느껴지기도 했지만 이곳이 팍스 로마나 시대에 하드리아누스 황제가 방문한 유서 깊은 도시라는 것을 알려주는 듯도 했다. 하드리아누스 문을 배경으로 사진을 몇 장 찍고 있을 때 문 오른쪽 성벽 아래에 낯익은 관목 한 그루가 내 눈에 들어왔다. 나무

하드리아누스 문 옆의 무궁화 안탈리아를 상징하는 간판 유적으로서, 황제의 방문을 기념하여 세운 석조물 옆에 무궁화가 있을 줄은 생각지도 못했다. 보랏빛 무궁화는 석조 건축물과 은근히 잘 어울렸다.

    의 생김새가 방금 전 안탈리아 박물관에서 봤던 바로 그 무궁화처럼 생겼기에 가까이 다가가 확인해 보니 역시 보랏빛 겹꽃 무궁화였다. 안탈리아를 상징하는 간판 유적으로서, 황제의 방문을 기념하여 세운 석조물 옆에 무궁화가 있을 줄은 생각지도 못했다. 보랏빛 무궁화는 석조 건축물과 은근히 잘 어울렸다. 원래는 2층 구조였으나 지금은 1층만 남은 하드리아누스 문의 아치형 천정에는 갖가지 꽃문양이 장식되어 있다. 이 천정을 장식한 꽃문양의 원형은 최근에 IS에 의해 파괴된 시리아의 팔미라 유적지에 있는 바알신전의 천정에 새겨진 꽃문양이라고 한다.

    하드리아누스 문 안쪽 동네에는 터키 전통가옥이 줄지어 늘어서 있었고, 예쁘장한 가방이나 가죽제품을 파는 가게가 많았는데 가격이 상당히 비싸서 아이쇼핑만 했다. 골목길 어느 집에 핑크빛 부겐빌리아가 활짝 피어 있었다. 이 꽃은 터키와 그리스의 지중해 연안 지역에서 종종 볼 수 있었는데 품위가 있는 젊은 귀부인을 보는 것처럼 매우 화사했다.

(위) 하드리아누스 문 안쪽 골목길 풍경
(아래) 하드리아누스 문 안쪽 골목길 어느 집에 핀 부겐빌리아

　골목길을 빠져나와 해변으로 갔다. '잘린' 미나렛(첨탑)이란 뜻의 '케시크' 미나렛이 서 있는 오래된 자미를 지나 카라알리오을루 공원을 향해서 해안가 보도를 따라 발걸음을 옮기고 있을 때 해안의 벼랑 아래로 아주 고풍스런 유람선 몇 척이 근처에 있는 마리나 항구를 출발하여 항해하는 모습이 보였

카라알리오을루 공원에서 바라본 지중해 풍경

다. 돛대 달린 유람선이 햇빛에 반짝이는 지중해를 가르면서 앞으로 나아가는 모습이 절벽 풍경과 멋지게 어우러져 한 폭의 풍경화를 이루었다. 카라알리오을루 공원에는 소나무가 많이 심어져 있었고 하늘을 향해 시원하게 쭉 뻗은 Y자 모양의 미인송이 내 눈길을 끌었다. 오늘 저녁에는 마리나 항구가 바라다보이는 식당에서 생선요리와 맥주를 시키고, 저녁노을을 바라보면서 오랜만에 맞이하는 한가로움을 만끽하였다.

카라알리오을루 공원의 소나무

터키의 무궁화

 내가 터키에서 무궁화를 처음 본 것은 이스탄불 도착 일주일 후, 팜필리아 지방(지중해 연안 지역)의 안탈리아 고고학 박물관을 구경 갔을 때였다. 박물관 구경을 마치고 밖으로 나오는 길에 로마식 돌기둥 바로 옆에 만개 시점이 약간 지난 보랏빛 겹꽃 무궁화를 한 그루 발견하였다. 터키에서 무궁화를 보니 반갑고 신기했다. 박물관 구경을 마치고 칼레이치 구역에 있는 하드리아누스 문을 구경 갔을 때, 문 바로 옆에 무궁화가 한 그루 있는 것을 또 발견하였는데 박물관에서 봤던 바로 그 보랏빛 겹꽃 무궁화였다. 터키에서 무궁화를 보게 될 줄은 전혀 기대하지 않았기에 '와! 이게 도대체 무슨 조화인가?' 하는 놀라운 생각이 들었다. 우리나라꽃 무궁화가 로마 제국 최전성기에 세운 기념비적인 건축물 옆에 당당히 있는 모습이 너무 반가웠지만 '무궁화 원산지가 원래 지중해 연안이었나?' 하는 의문도 들었다. 이렇게 뜻하지 않게 터키 여행 중에 무궁화와 기분 좋은 첫 대면을 했다. 그런데 안탈리아에서 첫 선을 본 무궁화는 이후에 내 눈에 자주 띄었다. 에게 해에 가까운 셀축의 에페소스 박물관 앞 작은 공원에서도 만났고, 성 요한교회 앞 도로변에서도 볼 수 있었다.
 그래서 무궁화 원산지가 매우 궁금해졌다. 귀국 후에 구글 검색을 통해 무

하드리아누스 문 옆의 무궁화(터키 안탈리아) 터키 안탈리아에서 뜻하지 않게 무궁화와 첫 대면을 하였다. 이곳에서 처음 만난 무궁화는 이후 터키 여행 내내 나를 쫓아다녔다.

궁화 관련 자료를 찾아 보았다. 무궁화는 영어로 샤론의 장미(Rose of Sharon)라고 부르며, 학명은 히비스쿠스 시리아쿠스(Hibiscus Syriacus)로 아욱과 식물이다. 히비스쿠스라는 이름은 1세기경 그리스의 식물학자이자 약학자였던 베다니우스 디오스코리데스가 오늘날 마시멜로라고 불리는 서양아욱에 붙인 이름이다. 18세기 식물학자 린네가 이 서양아욱에 붙은 히비스쿠스라는 이름을 자신이 시리아에서 발견한 무궁화에 붙였다. 그래서 학명 뒷부분에 시리아쿠스란 단어가 붙었다. 꽃은 8월~10월 사이에 피며, 원산지는 한국, 중국, 인도이지만 한국에서는 무궁화 자생지가 발견되지 않았다. 무궁화가 서양에 전해진 것은 15세기 이전으로 추정되며, 지금은 전 세계에 분포한다. 무궁화와 꽃 모양이 비슷한 아욱과 식물로 접시꽃이 있고 이 꽃은 우리나라에 자생지도 있다. 조선 시대에 과거 급제자에게 임금이 하사한 꽃은 종이로 만든 접시꽃이었으며, 그것을 어사화(御史花)라고 불렀다.

무궁화는 성경에도 등장한다. 솔로몬의 노래 2장 1절에 다음과 같은 구절

셀축 박물관 앞 작은 공원에 꽃을 활짝 피운 무궁화(터키 셀축)

가톨릭 프란치스코 교황 방한 기념주화 기념주화 앞면에는 '나는 샤론의 장미(무궁화)요, 계곡의 백합이다'라는 성경구절을 나타낸 십자가 형태의 문양이 있다.

이 나온다. "나는 샤론의 장미요, 계곡의 백합이다.(I am the rose of sharon, the lily of the valleys.)" 2014년 8월에 프란치스코 가톨릭 교황께서 한국을 방문하였는데, 이를 기념하여 발행된 기념주화에도 이 구절을 상징하는 무궁화와 백합이 십자가를 배경으로 새겨져 있다.

그런데 위키피디아를 비롯한 몇몇 자료에 무궁화에 대해 다음과 같이 설

성 요한교회 앞 도로변에 꽃을 활짝 피운 무궁화(터키 셀축)

명되어 있다. 무궁화가 성경에 등장한 이유는 1611년 출간된 영어성경(King James Version; KJV)의 번역상의 오류에서 비롯된 것이다. 여기서 샤론(Sharon)은 히브리어로 평원(Plain)을 의미한다. 샤론 평원은 오늘날 지중해와 팔레스타인 한가운데 있는 산맥 사이의 해안 평원을 지칭한다. 히브리 말(hasharon)을 KJV 성경 편집자들이 '샤론의 장미'라고 번역했는데 그 이전 번역에서는 단지 '들판의 꽃'이라 번역했다. 오늘날 많은 학자들이 샤론의 장미는 실제 장미도 아니고, 무궁화도 아닌 샤론 평원에서 자라는 크로커스(Crocus)이거나 튤립(Tulip)이라고 말하고 있다. 또한 일부 성경 해설자들이 구약에 등장하는 샤론의 장미를 예수로, 백합을 그의 신부인 교회로 해석하지만 이것 역시 자의적인 해석이라 말할 수 있다. 장미로 번역한 것은 영어 성경 번역상의 오류이며, 성경에서 교회를 백합에 비유한 적은 단 한 번도 없다. 실제로 교회의 개념이 등장하는 신약에서는 백합이라는 단어가 단 한 번도 등장하지 않는다.

테오도시우스 성벽 앞에서 꽃을 활짝 피운 무궁화(터키 이스탄불) 무궁화는 특히 석조 유적과 잘 어울렸다.

터키의 팜필리아(지중해 연안)와 이오니아(에게해 연안) 지방에 와 보니, 작은 공원이나 도로변에서 어렵지 않게 무궁화를 볼 수 있었다. 터키 여행 마지막 날, 이스탄불에 다시 들러 코라 수도원을 구경하고 바로 위쪽에 있는 테오도시우스 성벽을 구경하러 갔을 때도 성벽 앞 공터에 꽃이 활짝 핀 무궁화를 여러 그루 볼 수 있었다. 무궁화는 특히 석조 유적과 잘 어울렸다.

서양 도깨비, 메두사

가을 별자리로 페가수스가 있다. 또 이 별자리 옆에는 안드로메다, 카시오페이아, 페르세우스, 메두사 별자리가 있다. 이들 별자리는 모두 그리스 신화에 등장하는 괴물 메두사하고 관계가 있다. 그리스 신화에 등장하는 최초의 영웅 페르세우스는 세상의 끝에 사는 괴물 메두사의 목을 베었다. 이때 땅에 흘린 메두사의 피와 영혼이 합해져 날개 달린 천마 페가수스가 되었다. 고향으로 돌아가던 페르세우스는 바다 괴물에 희생 제물로 바쳐진 안드로메다 공주를 구출하고 신부로 맞이하였고, 쳐다보면 돌덩이로 변하는 메두사 머리를 이용해서 공주를 빼앗으려는 악당을 물리쳤다. 카시오페이아는 안드로메다 공주의 어머니이다.

오비디우스가 AD 8년에 쓴 「변신 이야기」에 따르면, 메두사는 원래

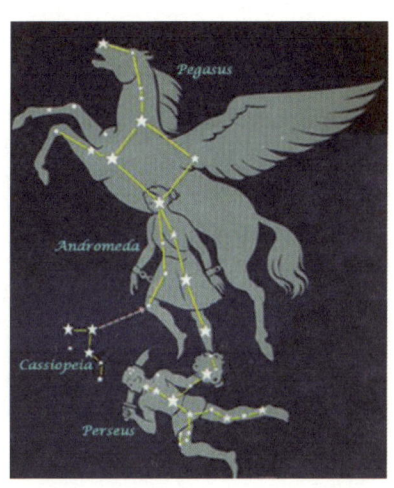

페가수스 별자리 땅에 흘린 메두사의 피와 영혼이 합해져 날개달린 천마, 페가수스가 되었다.

저승의 신(그리스, 아테네 국립 고고학박물관) 하데스(플루토)가 풍요의 뿔을 들고 있다. 바로 옆에는 그의 부인인 페르세포네와 곡식의 신이자 장모님인 데메테르가 밥주발과 횃불을 들고 있다. 작게 묘사한 두 여인은 숭배자이다.

AD 2세기에 제작된 로마시대 석관(터키, 안탈리아 박물관) 이것을 보았을 때 석관에 메두사 얼굴을 새겨넣은 이유가 무척 궁금했다.

순결을 맹세한 아테나 신전의 사제였다. 그녀는 무척 아름다웠는데 특히 머리카락이 아름다웠다. 그런데 포세이돈이 그녀에게 반해 아테나 여신의 신전에서 사랑을 나누었다. 이에 화가 난 아테나가 그녀의 아름다운 머리카락을 뱀으로 바꾸고, 얼굴은 흉측하게 만들어 누구라도 그녀의 얼굴을 보면 돌로 변하게 하였다.

메두사에게는 이렇게 괴물의 이미지가 있다. 그런데 내가 종래 갖고 있었던 메두사의 악마적 이미지에 약간의 의문을 갖게 된 것은 로마 시대 석관에 새겨진 메두사를 봤을 때였다. 안탈리아 고고학 박물관 뒷마당에는 2세기 무렵 로마시대에 제작된 석관이 하나 놓여 있었는데, 석관의 네 측면에는 갖가지 풍성한 과일이 가득한 풍요의 뿔을 어린 아기가 들고 있고 그사이에 메두사 얼굴이 정교하게 조각되어 있었다. 풍요의 뿔과 어린 아기에는 고대 그리스인의 죽음과 사후 세계에 대한 인식이 표현되어 있는데, 이 조형 의지에 대해서 그리스·로마 신화를 쓴 이윤기 선생은 다음과 같이 설명했다. "그리스 신화에서 저승세계의 왕과 왕비는 하데스와 페르세포네이다. 하데스는 죽음의 신이기도 하지만 역설적으로 풍요의 신이기도 하다. 페르세포네는 씨앗의 신이다. 그리스인들은 봄이 오면 들판에 풀이 돋고 꽃이 피는 것은 하데스와 페르세포네 여신의 덕분이라 여겼다. 따라서 고대 그리스인들에게 죽어서 지하의 저승세계로 내려간다는 것은 씨앗만 묻으면 키워주고 열매 맺게 해주는 넉넉한 대지의 품 안으로 돌아간다고 생각했을 수 있다. 그래서 그리스인들은 석관에 풍요의 뿔을 장식한 것으로 생각된다. 또 아기는 죽은 자가 재생하기를 바라는 간절한 마음을 표현한 것으로 볼 수 있다."

그런데 죽은 자가 내세에서 편안하고 행복한 삶을 살다 재생하기를 기원하는 조형물이 새겨진 석관에 흉측한 메두사 얼굴이라니? 메두사 얼굴을 보는 순간 돌덩어리로 변한다는데, 그것도 잘 보이는 곳에 주인공으로 당당히 새겨 놓은 이유는 무엇일까 하는 의문이 생겼다. 메두사 얼굴은 이곳 말고도 고대 그리스·로마 유물이 전시된 다른 박물관에서도 자주 볼 수 있었다. 특히 이스탄불 고고학 박물관에 전시된 AD 2~3세기경에 제작된 로마 시대 석관에서는 아주 흔하게 메두사 얼굴을 볼 수 있었다. 나는 이게 이상하게 생각되었다. '혹시 메두사에는 그 얼굴을 쳐다봐도 돌덩이로 변하게 된다는 괴물 이미지 이외에도 불운을 내쫓는 액막이 역할 또는 귀신을 물리치는 벽사의 역할도 있는 것 아닐까?' 하는 생각이 문득 들었다. 이런 생각에 확신을 갖게 된 것은 터키 여행을 마치고 들른 그리스 아테네 국립고고학 박물관에서 본 고르곤(Gorgon) 얼굴상을 봤을 때였다. 메두사 신화의 원형인 고르곤은 포르퀴스와 케토가 낳은 세 명의 자매로, 이들 세 자매의 이름은 각각 스텐노(힘센 여자), 에우뤼알레(멀리 떠돌아다니는 여자), 그리고 가장 유명한 메두사(여왕)이다. 통상 고르곤은 이 메두사를 지칭한다. 고르곤 세 자매는 메

(왼쪽) 고르곤 얼굴이 새겨진 막새(그리스 아테네, 아크로폴리스 박물관) (자료 사진)
(오른쪽) 고르곤 얼굴이 새겨진 막새(이태리 시라쿠사, 고고학 박물관) (자료 사진

두사를 제외한 스텐노와 에우뤼알레는 불사의 몸이다. 그들은 서쪽의 땅, 오케아노스의 저편에 헤스페리데스들이 있는 땅끝에 살았으며, 머리털은 살아 있는 뱀이며 몸은 용의 비늘로 덮여 있었다. 황금 날개를 달고 있었다고도 한다. 이들의 모습은 무시무시하여 이들의 모습을 직접 본 사람이나 동물은 모두 돌로 변해 버린다고 한다.[5]

아테네 국립고고학 박물관에는 고르곤 얼굴상이 여럿 전시되어 있었다. 전시된 고르곤 얼굴상을 보는 순간, '메두사는 다름 아닌 우리나라 도깨비랑 같은 거구나.' 하는 생각이 퍼뜩 들 만큼 고르곤의 인상은 도깨비하고 닮은 점이 상당히 많았다(혹시 도깨비가 고르곤의 후예가 아닐까?).

메두사(고르곤)가 다름 아닌 서양 도깨비라면 잡귀를 쫓는 벽사의 기능과 부정한 것을 막는 액막이 역할도 갖고 있을 터인즉, 이제 비로소 로마 석관에 왜 메두사를 새겨 넣었는지 이해가 되었다. 또한 터키의 에페소스에서 보

---

[5] 위키백과에서 인용하였다.

(왼쪽) 도깨비 문양 와당(고구려, 국립중앙박물관) (자료 사진)
(오른쪽) 도깨비 문양 전돌(백제, 국립부여박물관) (자료 사진)

앉던 고대 로마 시대의 기념비적인 건축물에 왜 메두사 얼굴을 새겨 넣었는지도 비로소 납득이 되었다.

에페소스의 쿠레테스 거리에는 AD 128년 하드리아누스 황제의 방문을 기념하여 세운 신전이 있다. 두개의 아치 가운데 앞쪽 아치 중앙에는 행운의 여신 티케(로마명: 포르투나) 머리가 있고, 뒤쪽 아치에는 메두사의 반신상이 있다. 이 신전을 처음 보았을 때는 '왜 하필이면 황제에게 바친 신전에 메두사 반신상을 새겼을까?' 하는 의문이 생겼다. 지금 와서 생각하니, 티케여신은 행운을 불러오고 메두사는 잡귀를 쫓는 벽사의 역할을 했던 것 같다.

그 유명한 셀수스 도서관의 박공에도 메두사 얼굴이 있다. 메두사 얼굴을 보는 순간 오줌을 지리면서 뻣뻣하게 굳는다면 누가 감히 양피지 책을 들여다보기 위해 도서관에 들어갈 시도를 할 수 있단 말인가? 신화 속 악마적 이미지의 메두사로만 존재했다면 건축가가 도서관 박공에 그녀의 얼굴을 새겨 넣어야겠다는 생각을 하기는 어려웠을 것이다.

이렇게 메두사를 액막이용 서양 도깨비로 생각하니 종전에 가졌던 메두사

하드리아누스 신전의 메두사(터키, 에페소스)   셀수스 도서관 박공의 메두사(터키, 에페소스)

에 대한 섬뜩한 이미지는 사라지고 보다 친근하게, 한편으론 사랑스럽게 나에게 다가왔다. 그리고 아야소피아 성당 맞은편에 있는 지하 저수조의 돌기둥 받침으로 사용되고 있는 메두사 얼굴에서, 비련의 여인 메두사가 느끼고 있을 슬픔과 돌 무게에 짓눌려 내지르는 신음 소리가 나에게도 가슴 아프게 전달되었다.

메두사 돌기둥 받침대(터키, 이스탄불) 비련의 여인 메두사가 느끼고 있을 슬픔과 돌 무게에 짓눌려 내지르는 신음 소리가 나에게도 가슴 아프게 전달되었다.

팜필리아의 고대 로마도시

페르게 / 시데 / 아스펜도스

    터키 여행 8일째 되는 오늘은 안탈리아 인근의 고대 로마도시인 페르게, 시데, 아스펜도스와 쿠르순루 폭포를 차례로 구경하고, 저녁 9시에 아스펜도스 고대극장에서 공연하는 발레 관람이 잡혀 있다.

    세계지도를 살펴보면, 에게 해와 지중해를 그리스-소아시아(아나톨리아)-시리아-팔레스타인-이집트가 반원형으로 빙 둘러싸고 있는 것을 볼 수 있다. 이 길은 7만 년 전 호모사피엔스가 인류의 발생지였던 아프리카를 떠나 유럽과 아시아로 이동했던 통로였다. 수렵·채취생활을 하던 호모사피엔스는 지금부터 1만2천 년 전에 메소포타미아 지역에서 야생 밀을 재배하면서 정착하기 시작했고, 5천 년 전에 청동기 문명을 일으켜 왕국을 세우고 신화를 만들었다. 이 반원형 길은 문명의 교통로였고 때로는 이 길을 따라서 문명 충돌이 일어났다. BC 333년 마케도니아의 알렉산드로스 대왕과 페르시아 제국의 다리우스 황제가 소아시아에서 시리아로 들어가는 관문인 이소스(Issus) 평원에서 제국의 운명을 걸고 한판 승부를 벌였다. 이소스 전투가 벌어지기 바로 1년 전, 알렉산드로스 대왕은 페르시아 정복을 위해 군대를 이끌고 오늘날 다르다넬스 해협이라 불리는 헬레스폰트 해협을 건너 소아시아에 상륙했다. 그는 후방부대와 기나긴 병참의 안전을 위해 지중해의 페르시아 해군을 먼저 제압해야만 했기에 소아시아의 서쪽 지중해 해안을 따라 남쪽 시리아 방면으로 이동하면서 당시 페르시아 제국의 영향력 아래 있었던 여러 폴리스를 차례로 굴복시켰다. 이곳 팜필리아의 고대도시인 페르게, 아스펜도스, 시데도 그때 점령당한 폴리스 가운데 하나였다. 알렉산드로스 대왕 사후 헬레니즘 시대에 소아시아 지역의 폴리스는 셀레우코스 왕국에 이어 페르가몬 왕국의 지배를 받다가 지중해의 강자로 등장한 로마 제국에 편입되어 제국의 황금기였던 AD 1~3세기에 번영을 누렸다. 이 고대도시가 폐허가 된 이유는 대개 이 지역을 덮친 대지진이나 전쟁 탓이었고, 때로는 에페소스처럼 바닷길이 막히는 등 자연환경의 변화와 갑작스레 닥친 전염병도 도시의 몰락을 가져왔다.

폐허가 된 고대도시 유적지에 나뒹구는 맷돌 덩어리를 보고 있노라면, 마치 당나라 두보 시인이 읊은 「연주성 성루에 올라」라는 시에 나오는 '황성 옛터'가 연상되어 세월의 무상함을 느끼게 된다. 그러나 비록 많이 부서진 상태이긴 하지만, 대리석이 깔린 도로, 도로를 따라 늘어선 열주, 수로, 하수구, 화장실, 집터의 모자이크, 공중목욕탕, 반달형 대극장, 경기장 또는 도서관 건물의 잔해를 보고 있노라면 현대 문명의 시설물과 별반 차이가 없다는 것을 알 수 있어 로마 문명이 얼마나 위대한 선진 문명이었는지 몸으로 느끼게 된다. 나는 사실 그리스·로마 문명에 대해서 아는 게 별로 없다. 그래서 팜필리아 지방의 고대 로마도시였던 페르게, 아스펜도스, 시데의 유적을 구경할 때 흔히 우스개로 '터키 고대 유적지에서 돌멩이만 보고 왔다'라든지, '여기도 돌멩이, 저기도 돌멩이, 돌멩이 보는 게 지겨웠다.'라는 것에서 탈피해 보려 애썼지만 아는 만큼 보인다고 나 역시 보이는 것은 돌멩이밖에 없었다.

아침 9시경에 사전 예약한 투어용 15인승 승합차를 타고 안탈리아 시내를 출발하여 페르게, 시데, 아스펜도스와 쿠르순루 폭포 순으로 구경했다. 사실 이 네 군데를 하루에 구경한다는 것은 시간상 조금 무리이다. 그래서 투어

페르게 헬레니즘의 문과 원형의 탑 이 탑은 그리스 헬레니즘 시대에 세워진 것으로 로마 하드리아누스 황제 때인 2세기에 페르게의 명망가 출신이자 부자였던 프란치아 마그나(Plancia Magna) 여인의 통 큰 기부로 대대적으로 보수되었다. 페르게 주민들은 그녀에게 '페르게의 딸', '민중을 위해 일한 자(Demiourgos)'라는 영광스런 칭호를 붙여 주었다. 세월이 무상하여 오른쪽 탑은 거의 무너질 지경이라 사진에서처럼 철골 지지대로 받쳐 주었다. 사진의 오른쪽에 돌기둥이 줄지어 세워져 있는 곳이 로만 아고라가 있던 곳이다.

   가이드는 유적지에 들렀을 때 중요한 몇 곳만 집중적으로 설명하고 일행에게 20~40분 정도 자유시간을 주어 각자 구경하게 하고, 다음 장소로 이동하는 식이어서 주마간산으로 볼 수밖에 없었다.

   페르게(Perge)는 팜필리아 지방의 중심도시로 주요 유적이 비교적 잘 남아 있는 곳이다. 이곳 거주민들은 아폴론과 남매 사이인 달의 여신 아르테미스를 숭배하였다. 로마 시대에 번영을 누린 도시였으며, 사도 바울이 첫 번째 전도여행에서 들렀던 도시로도 잘 알려져 있다. 신약성경의 사도행전(14장 25절; 말씀을 버가에서 전하고 앗달리아로 내려가서)에도 버가(페르게)라는 도시 이름이 등장한다.

   자동차를 타고 이 고대도시로 진입할 때 제일 처음 만나게 되는 왼쪽의 반달형 원형극장과 바로 맞은편에 도로를 따라 길게 배치된 경기장은 터키 전역에서 아프로디시아스의 경기장 다음으로 보존 상태가 좋다고 하는데, 우

푸줏간 표지석 **페르게의 중앙 수로와 열주** 나는 그 옛날 이 폴리스가 번영을 누리고 있을 때, 수로에는 물이 가득 차 흐르고 붉은 지붕이 얹힌 회랑으로 사람들이 오고가는 모습을 애써 상상해 봤다.

리는 스치듯 지나치면서 차창 밖으로 보는 것에 만족해야 했다. 페르게 유적지에 내려서 규모가 제법 큰 공중목욕탕을 구경하고, '헬레니즘 문'이라 불리는 큰 탑 사이를 통과해서 오른쪽에 있는 아고라(시장)를 구경하였다. 시장 입구에 놓인 넓적한 대리석에 S자와 나이프 문양이 산뜻하게 새겨져 있는데, 나이프는 이곳이 푸줏간임을 나타내는 일종의 간판이라 한다. 그 옛날 로마 시대 푸줏간에서조차 상징물을 사용한 것을 보면 서양문화에서 심볼의 역사는 참으로 오래됐기도 했지만 그 사용처가 특정 분야에 국한되지 않고 평민사회까지 널리 사용된 것 같다. 그런데 갑자기 '나이프 옆에 S는 무엇을 상징할까? 혹시 소시지를 뜻하는 건가?' 하는 생각이 들어 투어 가이드에게 묻고 싶었지만 별로 중요한 것 같지 않아 그냥 넘어갔다.

　헬레니즘 문 근처의 아고라를 둘러보는 것으로 투어 가이드는 설명을 마치고 20분 정도 시간을 주었다. 우리 일행은 중앙에 있는 수로를 따라 거슬러 올라 수로의 끝에 있는 님파에움(분수)까지 걸어갔다. 인기척을 느끼고 주

황성 옛터를 떠올리게 하는 도마뱀   수로의 끝에 있는 님파에움(분수)

　초석 뒤로 부리나케 달아나는 도마뱀의 모습을 보니 황성 옛터의 쓸쓸한 느낌을 더해줬다. 나는 그 옛날 이 폴리스가 번영을 누리고 있을 때, 수로에는 물이 가득 차 흐르고 붉은 지붕이 얹힌 회랑으로 사람들이 오고가는 모습을 애써 상상해 봤다.
　시데(Side)는 지중해 해안가에 있는 자그마한 마을이었다. 인근 대도시인 안탈리아에서 멀지 않은 데다 도시가 작고 아담해서 오래전부터 유럽인들이 휴가를 겸해 많이 찾는 곳이라 한다. 시데는 로마 제국에 편입된 이후 AD 4세기부터 서서히 기울기 시작하여 7세기에 닥친 지진과 아랍의 침입으로 인해 주민들이 인근 안탈리아로 이주하면서 완전히 몰락했다. 시데 마을의 초입에 차를 대고 상가가 늘어선 골목길을 따라 바다 쪽으로 걸어갔다. 해안의 작은 항구에는 예쁜 유람선과 요트가 정박해 있었고 항구를 끼고 조금 걸어가니 아폴론 신전이 눈앞에 나타났다. 지금은 엔타블러처와 박공의 일부만 위태롭게 얹힌 코린트 양식의 돌기둥 5개만 달랑 남았지만, 지중해 바다와

시데 마을 입구 인근 대도시인 안탈리아에서 멀지 않은 데다 도시가 작고 아담해서 오래전부터 유럽인들이 휴가를 겸해 많이 찾는 곳이다.

시데의 아폴론 신전 지금은 엔타블러처와 박공의 일부만 위태롭게 얹힌 코린트 양식의 돌기둥 5개만 달랑 남았지만 지중해 연안의 대표적인 로마유적이다.

시데 마을 앞에 펼쳐진 지중해 바다 눈이 부시도록 파란 지중해에서 수영을 즐기는 사람들을 보니 시데에 눌러앉아 며칠 묵고 싶은 생각도 들었다.

하얀 모래밭을 배경으로 우뚝 서있는 신전은 미남 아폴론만큼이나 훤칠하고 아름다웠다. 돌기둥과 삼각형 박공 사이에 띠 장식을 일컫는 프리즈에는 메두사 얼굴을 새겨 놓아 이채로웠는데, 여기서 메두사는 신전에 잡귀가 들어오지 못하도록 하는 벽사의 기능을 했을 것이다. 아폴론 신전 옆에는 시데의 수호신이었던 아테나 신전도 함께 있었다고 하는데 지금은 흔적을 찾기가 어려웠다. 투어 가이드는 신전에 대해 설명을 해주고 40분간 자유시간을 주었다. 나는 이곳 유적과 지리에 대한 사전정보가 부족하여 잠시 대극장을 찾다가 위치를 몰라 포기하고 해변 구경을 하는 것으로 시데 구경을 마쳤다. 눈이 부시도록 파란 지중해에서 수영을 즐기는 사람들을 보니 이 뜨거운 날 이곳저곳 돌아다니지 말고 그냥 시데에 눌러앉아 며칠 묵고 싶은 생각도 들었다.

 시데 구경을 마치고 아스펜도스(Aspendos)로 향하였다. 아스펜도스는 지중해로 흐르는 에우리메돈(Eurymedon·유리메돈) 강을 따라 16km 상류에 자

에우리메돈 강에서 바라본 아스펜도스 유적지 BC 5세기 무렵에는 팜필리아 지방에서 가장 중요한 무역도시였다. 그 당시에는 에우리메돈 강을 따라서 아스펜도스까지 항해할 수 있었다. 전성기는 1~3세기 로마 시대였다.

리 잡고 있는 도시로, BC 5세기 무렵에는 팜필리아에서 가장 중요한 무역도시였다. 그 당시에는 에우리메돈 강을 따라서 아스펜도스까지 항해할 수 있었다. 이 도시는 비잔티움 제국 시기 아랍의 침입 때 대부분 파괴되었다고 하며, 현재는 원형이 가장 잘 보존된 로마 시대 극장과 이 도시에 물을 공급했던 수로인 수도교 유적 이외에는 크게 볼 만한 것이 없다.

아스펜도스의 바실리카 유적이 멀리 바라다보이는 식당에서 점심 식사를 했다. 식당 바로 옆에는 폭이 제법 넓은 개울이 유유히 흐르고 있었는데 이 개울처럼 보이는 강이 바로 현재 터키에서 쾨프뤼카이(Köprüçay) 강이라 불리는 에우리메돈 강이었다. 강줄기를 따라서 나무가 우거져 숲을 이루고 있어 주변 풍광이 매우 아름다웠는데, 9월 초 건기라서 수량이 적은 것인지 아니면 옛날보다 수량이 크게 줄은 탓인지는 모르겠으나 현재는 강폭도 좁고 수심이 얕아 배가 다닐 수는 없을 것 같았다. 그런데 이 강이 역사에 한 번 크게 등장한 적이 있었다. 제2차 페르시아 전쟁(BC 480~479)을 승리로 이끈 그리스 연합국은 페르시아를 몰아낸 여세를 몰아 세력 확장을 꾀했다. 특히 아테네는 적극적으로 세력 확대를 꾀해 BC 478~477년에 델로스 동맹을 결성하고 페르시아에 대한 적극적인 공격을 주도하여 소아시아의 이오니아 지역을 모두 점령했다. 그리고 BC 470~466년경에 아테네 해군제독 키몬이 이끄는 델로스 동맹군은 트라이림(노가 3단인 갤리선)을 이끌고 이곳 에우리메돈 강어귀에서 페르시아 함대를 공격하여 350척을 침몰시켰고, 곧바로 육지로 상륙하여 페르시아 육군을 공격하여 완전히 궤멸시켰다. 단 하루 만에 해전과 육전에서 아테네 동맹군의 압승으로 끝난 이 전투를 '에우리메돈(유리메돈) 전투'라고 부른다. 이제 페르시아는 그리스인에게 두려움의 대상이 아니라 만만한 상대가 된 것이다. 알렉산드로스 대왕이 그리스 전역을 평정하자마자 페르시아 원정을 단행하게 된 것도 과거 그리스-페르시아 전쟁에서 승리했던 역사도 한몫 했을 것이다.

아스펜도스 극장에 도착했다. 이 극장은 2세기 마르쿠스 아우렐리우스 로마황제를 위해 만든 것으로 1만 5천명의 수용 규모를 자랑하며 객석은 물론 무대, 대기실, 통로가 완벽하게 보존되어 있다. 객석은 2단으로 되어 있으며 맨 위층에는 아치형 회랑이 설치되어 있다. 지금도 매년 여름철에 국제 오페라 콘서트가 열리는데, 우리가 여행하던 9월에도 오페라와 발레 공연이 일곱 차례 잡혀 있었고, 마침 우리가 이곳을 방문하는 날 저녁 9시에 발레공연이 있다는 것을 알게 되어 한국에서 출발 전에 미리 예약을 해 두었다.

이 극장은 고대 로마인들의 놀라운 건축술이 집약된 곳으로 건축물도 아름답지만, 극장 건물의 중요 기능인 무대에서 관중석으로 소리 전달이 매우 좋다고 한다. 이 비결은 좌석의 재질이 소리 반사에 좋은 대리석인 데다 좌석의 아랫부분이 오목거울처럼 옴폭 들어가 있어서 이곳을 통한 소리 반사가 효과적으로 이뤄지기 때문이라고 한다. 터키 정부가 이 극장 좌석을 2015년에 8개월에 걸쳐 복원하였는데 우리가 이곳에 왔던 9월 초가 복원이 완료

된 시점이었다. 그런데 복원에 사용된 대리석 색상이 너무 희어서 주방용 대리석으로 복원한 게 아니냐며 논란이 됐다고 한다. 우리가 봤을 때도 청중석 중간중간에 유난히 하얀 대리석이 박혀 있는 게 눈에 확 띄어 그 부조화가 눈에 거슬렸다. 하지만 이건 어쩔 수가 없을 것 같다. 지금 막 캐내어 살결이 뽀얀 대리석 색상을 2천년 세월의 더께가 얹힌 거무튀튀한 대리석 색상과 똑같이 맞출 수는 없을 것이다.

　극장 구경을 마치고 밖으로 나가니 투어 가이드가 화장실을 다녀오라며 5

아스펜도스 고대 극장의 대리석 좌석 이 극장은 고대 로마인들의 놀라운 건축술이 집약된 곳으로 건축물도 아름답지만, 극장 건물의 중요 기능인 무대에서 관중석으로 소리 전달이 매우 좋다고 한다. 이 비결은 좌석의 재질이 소리 반사에 좋은 대리석인데다 좌석의 아랫부분이 오목거울처럼 옴폭 들어가 있어서 이곳을 통한 소리 반사가 효과적으로 이뤄지기 때문이라고 한다.

아스펜도스 고대 극장 이 극장은 2세기 마르쿠스 아우렐리우스 로마황제를 위해 만든 것으로 1만 5천명의 수용 규모를 자랑하며 객석은 물론 무대, 대기실, 통로가 완벽하게 보존되어 있다.

분의 시간을 줬다. 이곳을 방문하기 전에 동생이 극장 뒤 언덕 위로 올라가 극장 앞에 펼쳐진 풍경도 바라보고 저 멀리 수도교도 꼭 보라고 했다. 우리는 그 말을 잊지 않고 있었기에 극장 뒤로 나 있는 언덕길을 서둘러 올라갔다. 그런데 도저히 5분 안에 언덕 꼭대기까지 올라갔다 내려올 수는 없었다. 아쉽지만 가던 길을 멈추고 극장건물 바로 뒤컨에 있는 석축 위에 올라가 극장 앞에 펼쳐진 풍경을 잠시 바라보는 것으로 만족하고 서둘러 투어 가이드가 기다리는 곳으로 내려갔다. 다행히 가이드는 이곳에서 약간 떨어진 곳에

아스펜도스의 수도교 도시에서 19km 떨어진 두 개의 산에서 물을 끌어오는데 사용한 고가 형태의 수로이다. 로마의 수도교 가운데 사이펀(Siphon) 원리를 이용하여 물을 이동시킨 보기 드문 유적이다. 높이 30m인 두 개의 석탑(A, B) 꼭대기에 물통이 설치되어 있었는데 지금은 사라지고 없다. 왼쪽 아래 물 컵 그림은 사이펀 원리를 나타낸 것이다.

있는 로마 수도교로 차를 이동시켜 구경할 수 있도록 해주었다.

아스펜도스의 전성기는 AD 1~3세기 로마 제국의 전성기와 일치한다. 도시 인구가 늘자 물이 부족하게 되었다. 기존 빗물 저장소만으로는 감당이 안 되어 이곳에서 19km 떨어진 산에서 물을 끌어오기 위해 고가수로(수도교)를 건설했다. 물을 끌어오는 중간에 폭 924m, 깊이 50m에 달하는 넓고 깊은 골짜기가 있어 수도교를 세우기가 어렵게 되자 사이펀(Siphon) 원리를 이용하여 교각을 높이 세우지 않고도 계곡을 가로질러 물을 끌어올 수 있었다. 사이펀 원리란 높이 차이가 있는 2개의 물탱크(A, B)를 가느다란 대롱으로 서로 연결하면 두 물탱크의 높이 차에 비례하여 압력차가 생겨 물이 대롱을 타고 높은 쪽에서 낮은 쪽으로 이동하는 현상을 말한다. 아스펜도스 수도교에는 물탱크를 올려 놓았던 높이 30m의 석탑이 지금도 남아 있는데, 두 탑은

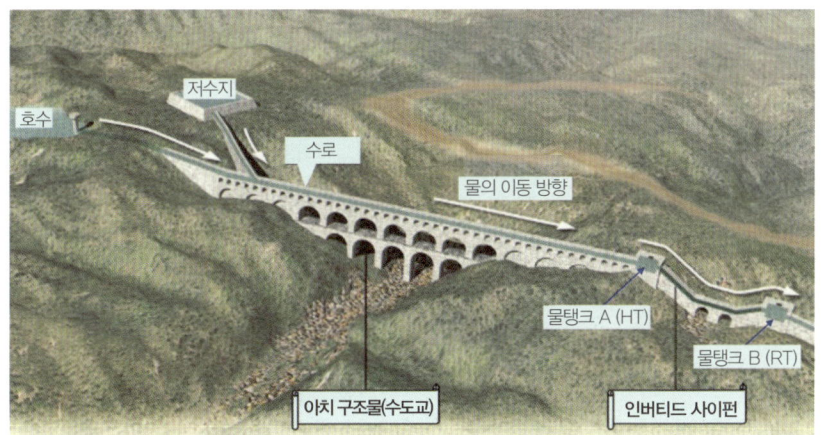

로마문명의 수로 시스템(Roman Aqueducts) 도시의 인구가 증가하여 물이 부족하게 되자 로마인은 도시에서 멀리 떨어진 호수나 저수지에서 물을 끌어왔다. 보통 아치형 다리 모양의 석조 구조물을 세워 수로를 만들었지만 계곡이 깊어 수도교를 높이 세우기가 어려운 지형에서는 '인버티드 사이펀'이라 불리는 'U'자형 수로 시스템을 건설하여 물을 이동시켰다. 물탱크 A와 B는 영어로 각각 Header Tank(HT)와 Receiving Tank(RT)라고 부른다.

대롱에 해당하는 석재 파이프가 얹힌 나지막한 높이의 교각으로 연결되어 있다. 2개의 물탱크를 연결하는 파이프 라인의 모양이 통상적인 '∩' 자 모양이 아니고 아스펜도스 수도교처럼 'U'자 모양이면 '인버티드 사이펀(Inverted Siphon)'이라고 부른다. 먼 거리에서 물을 끌어 들이기 위해 인공수로를 건설한 것도 대단했지만 현대 초등학교 자연 과목에서 배우는 사이펀의 원리를 경험적으로 터득하여 수도교 건설에 적용한 로마인의 토목기술에는 그만 입이 딱 벌어지지 않을 수가 없다. 로마인이 남긴 수많은 기념비적 건축물 가운데 수도교 하나만 놓고 보더라도 로마 문명은 인류 역사상 가장 위대한 문명 가운데 하나였다.

　오늘의 마지막 투어코스인 쿠르순루(Kurşunlu) 폭포로 향하였다. 쿠르순루 폭포는 안탈리아 시에서 차로 20~30분 거리에 있는 공원 안에 있는데 오전에 들른 페르게에서 가까운 곳이었다. 폭포를 보기 위해 소나무 숲을 지나 계곡으로 내려갔다. 아직 우기(겨울철)가 아니라서 폭포의 물줄기는 약했지

쿠르순루 폭포 아직 우기(겨울철)가 아니라서 폭포의 물줄기는 약했지만 시원하게 떨어지는 물줄기와 너른 소, 그리고 이를 감싸고 있는 숲이 함께 어우러져 상당히 운치가 있었다.

만 시원하게 떨어지는 물줄기와 너른 소, 그리고 이를 감싸고 있는 숲이 함께 어우러져 상당히 운치가 있었다. 시간 여유가 있어 계곡의 산책로를 따라서 짧은 코스를 한 바퀴 돌아 나왔다. 이렇게 해서 오늘 투어를 모두 마쳤고, 이제 밤 9시에 아스펜도스 고대 극장에서 공연하는 발레 구경만 남았다.

저녁 8시쯤 안탈리아 시내 숙소에서 15인승 승합차로 예약자를 픽업하여 이곳 아스펜도스 극장까지 실어다 주었다. 안탈리아에서 아스펜도스까지 거리가 약 40km이니 서울시청에서 수원시청까지 거리가 되어 꽤 오랜 시간을 달렸다. 그런데 고대 극장 조금 못 미쳐 이름도 똑같은 현대식 아스펜도스 극장이 있었다. 이곳에서도 오늘 밤 공연이 있는지 승합차에 함께 탑승한 일행은 거의 대부분 이곳에서 내렸다. 나는 잠시 당황했다. '으잉? 고대 극장 공연이 아니라 현대판 극장식 공연이었어?' 하는 불길한 생각에 차 안을 둘러보니, 일행 중에 프랑스에서 오신 연세가 팔십이 넘어 보이는 노부부께서 안 내리고 그대로 계신 거였다. 이곳으로 오는 내내 다정하게 서로 얘기를

고대 아스펜도스 극장 발레공연을 구경하러 온 관광객. 9월 공연 일정에는 한국국립오페라단과 안탈리아 오페라단의 합동공연도 예정되어 있었다.

나누고 계셨던 백발의 노부부와 눈이 마주치자 안도의 웃음이 저절로 나왔다. '그러면 그렇지.' 하고 안심하고 잠시 기다리니 승합차는 다시 출발하여 바로 위쪽에 있는 고대 극장으로 향하였다. 많은 관광객이 오늘 공연을 보러 왔다. 관람객은 극장건물 안으로 들어서서 곧바로 2층 계단으로 올라가 고대 극장의 2층 통로로 입장하였다. 관람석 계단이 조금 가팔라서 금슬 좋은 노부부께서 자리를 잡으러 계단을 내려갈 때 힘들어 하시기에 아내가 손을 붙잡고 자리까지 안내해 드린 다음, 우리 부부도 무대가 잘 보이는 곳으로 이동하여 자리를 잡았다. 무대 앞 정면 관람석은 사방에 줄을 쳐서 다른 좌석과 구분을 해놓았기에 이게 무슨 좌석인가 궁금했는데, 다름 아닌 A석이었다. 이곳에 앉는 관객은 우리가 들어왔던 2층 출입구가 아닌 1층 극장무대의 오른쪽 출입구로 들어와 정복을 착용한 안내인의 에스코트를 받고 좌석에 착석했다. 동반 여성은 정장에 가깝게 잘 차려 입었는데 대개는 레드 카펫의 여배우처럼 위아래가 하나로 된 원피스를 착용하였다. 이날 발레 공연

발레공연을 마치고 관객에게 인사를 하는 공연진. 고대 로마극장에서 발레 공연을 보니 마치 내가 옛 로마황제가 된 듯 황홀한 기분이 들었다.

에서 서양의 공연 문화를 살짝 엿볼 수 있었다. 공연 시간이 가까워지니 객석의 2/3 정도가 관람객으로 채워졌다. 드디어 공연이 시작되었다. 이 고대 극장의 음향 수준을 생음악으로 직접 들어 보고 싶었는데, 스피커를 통해서 발레의 배경 음악이 흘러 나와 조금 아쉬웠다. 발레 공연은 1부와 2부로 구성되어 있었고 전체 공연 시간은 90분 정도였다. 발레 내용은 짐작컨대 영웅 페르세우스와 안드로메다 공주의 신화에서 모티브를 딴 남녀 간 사랑을 주제로 한 것 같았다. 즉, 어느 왕국에 아름다운 공주가 있었는데 공주를 탐하는 나쁜 놈이 결혼하자고 괴롭힐 때 홀연히 멋진 왕자님이 나타나 이 나쁜 놈을 무찌르는 내용의 안무였다. 2부 공연에서는 앞쪽 무대 벽면에 화상을 투사했는데 이것만으로도 훌륭한 무대가 꾸며졌고 추가적인 무대장치가 불필요할 정도로 환상적인 배경화면이 만들어졌다. 고대 로마극장에서 발레 공연을 보니 마치 내가 옛 로마황제가 된 듯 황홀한 기분이 들었다. 나는 20세기 전쟁이 없는 평화 시기에 대한민국에 태어나게 해 주고 이곳까지 여행을

현대식 아스펜도스 극장의 무대 공연 이 공연은 몇 년 전에 중국 차마고도 여행길에 리장고성에 들러 관람했던 '여수금사' 공연이 저절로 연상될 만큼 공연 분위기가 비슷했다.

올 수 있도록 축복을 내려 준 하늘께 감사드리지 않을 수 없었다.

터키의 하룻밤을 동화처럼 꾸며 준 발레 공연이 끝나고, 승합차는 아까 현대식 극장 공연을 보러 갔던 손님을 태우기 위해 바로 아래쪽에 있는 아스펜도스 현대극장으로 갔다. 공연이 아직 끝나지 않았는지 주차장엔 차로 가득 차 있었다. 우리 차 운전기사가 프랑스 노부부와 우리 부부에게 저 안에 들어가서 공연을 보고 오라고 얘기하면서 현대식 아스펜도스 극장의 2층 출입문까지 친절하게 안내해 주었다. 덕분에 한 15분 정도 구경할 수 있었는데, 많은 공연진이 여러 민족의 고유의상을 입고 군무를 추는 공연이었다. 이 공연은 몇 년 전에 중국 차마고도 여행길에 리장고성에 들러 관람했던 '여수금사' 공연이 저절로 연상될 만큼 공연 분위기가 비슷했다.

내일은 지중해 휴양도시인 페티예(Fethiye)로 출발한다. 장거리 여행으로 지친 몸에 휴식을 줄 겸 말로만 듣던 아름다운 지중해를 직접 보기 위해 이곳에서 이틀 밤을 묵기로 했다.

청옥빛 바다가 아름다운 페티예

시클르켄트 협곡 / 욀뤼데니즈 해변

　9월 9일 수요일, 안탈리아 시를 출발하여 지중해 휴양도시인 페티예(Fethiye)로 향했는데 처음 여행 계획을 짤 때 이곳은 여행지 목록에 없었다. 아니 사실은 이런 유명한 지중해 휴양지가 있는 줄도 몰랐다. 애초 계획은 알렉산드로스 대왕 사후 헬레니즘 시대에 이오니아 지방의 고대 왕국이었던 페르가몬을 구경하는 것으로 정했는데 빠듯한 여행 일정에 이곳을 다녀오려니 여행 동선이 꼬이는 것이었다. 고민하던 차에 여행사에서 이곳을 추천해 주었다. "페티예? 뭔 동네여?" 하고 구글 검색을 해보니, 해변이 환상적인 곳이었고 패러글라이딩을 비롯한 각종 레저로 유명한 휴양지였다. 우리는 여행 동선을 고려하고 이동이 잦은 장거리 여행에 따른 피로를 염려하여 이곳에서 하루 푹 쉬기로 결정하였다. 그리고 무엇보다 말로만 듣던 지중해 해변을 직접 눈으로 보고 손으로 만져보고 몸으로 느껴보고 싶었다.

　안탈리아에서 페티예 가는 길은 산악지대였다. 실망스럽게도 우리가 탑승한 버스는 45인승 대형버스가 아닌 30인승 소형버스였다. 게다가 이 버스는 직행버스가 아니라 중간중간 마을 입구에 섰다가 가는 일종의 마을버스였다. 버스 안은 아이를 앉고 있는 여인들을 비롯한 마을 주민들로 복작거렸는데 그들의 모습에서 관광지 이외 지역에 사는 터키인의 삶을 살짝 들여다볼

페티예 가는 길 우리가 탑승한 30인승 소형버스

수 있었다. 페티예 가는 길목의 오지에 사는 현지인들이 규모가 큰 도시의 마지막 정거장에서 우르르 내리더니 빵과 같은 식료품을 한 아름씩 사서 다시 버스에 오르는 것이었다. 버스로 이곳을 벗어나니 식료품을 살 수 있는 가게가 보이질 않았다.

이곳의 날씨는 전형적인 지중해성 기후를 나타내었다. 차창 밖으로 보이는 산들은 키가 나지막한 잡목이 드문드문 있는 돌산이었고 그 아래 평야지대엔 대규모 비닐하우스 단지가 자주 눈에 띄었는데 달리는 차에서 안을 들여다보니 토마토 농장이었다. 음식재료로 수요가 많아서 그런지 토마토를 집중적으로 재배하고 있었다. 또 이곳에서는 미루나무가 흔히 눈에 띄어 어린 시절 학교 운동장 한 귀퉁이 또는 마을로 들어가는 흙길 양편에 심어져 있었던 그 '동구 밖 미루나무'가 떠올랐다. 버스는 페티예와 파묵칼레로 갈리는 길목의 휴게소에서 15분 정도 쉬고 소나무가 빼곡한 큰 산맥을 하나 넘어 페티예 오토가르에 도착하였다.

여기까지 오는데 4시간 정도 걸렸다. 여비를 아끼려고 택시를 타면 10분 이

페티예 가는 길 음식재료로 수요가 많아서 그런지 이 지역에는 토마토를 재배하는 그린하우스가 자주 눈에 띄었다.

페티예에서 묵었던 호텔 1층의 수영장 집 울타리에 화사하게 핀 분홍빛 부겐빌리아가 조화를 이루면서 지중해의 낭만을 불러 일으켰다.

내에 갈 수 있는 해안가 호텔까지 물어물어 찾아갔다. 이곳에서도 숙소를 코앞에 두고 주변 골목길을 빙빙 도느라 30여 분을 헤맸다. 스마트폰의 구글 지도를 켜면 쉽게 찾아갈 수 있었을 터이지만 이스탄불에서 구입한 USIM칩은 여전히 작동하지 않았다. 숙소 바로 앞에는 짙푸른 지중해가 넓게 펼쳐져 있었고, 숙소는 수영장이 딸린 2층 개인집을 호텔로 개조한 것처럼 보였다.

아침 식사는 수영장 옆에 뜨거운 햇빛을 가릴 수 있도록 차양이 쳐진 야외 식탁에서 했다. 내리쬐는 뜨거운 태양, 바닥이 파란 수영장, 파란색 세로줄 무늬가 상큼함을 더해주는 해변 의자, 그리고 집 울타리에 화사하게 핀 분홍빛 부겐빌리아가 조화를 이루면서 지중해의 낭만을 불러일으켰다.

오후 1시쯤 안탈리아를 출발하여 호텔에 도착한 시각이 오후 6시였다. 더 어두워지기 전에 숙소 앞에 펼쳐진 지중해를 구경하러 나갔다. 이곳은 해변이 아닌 항구라서 수심이 깊었고 항구의 양쪽 끝자락에는 수많은 요트가 정박한 것이 보였다. 백사장이 있는 해변을 보려면 이곳에서 돌무쉬를 타고 25

숙소 앞 지중해 이곳은 항구라서 수심이 깊었고 항구의 양쪽 끝자락에는 수많은 요트가 정박한 것이 보였다.

분 거리에 있는 욀뤼데니즈(Ölüdeniz)로 가야 했다. 바닷가에 접한 산책로를 따라 걸으면서 지중해의 푸른 물빛을 감상했다. 내가 지중해를 바라보며 서 있는 것이 실감이 안 났다. 산책로 중간 지점에 이르자 이곳에도 예외 없이 터키공화국 건국의 아버지인 아타튀르크 동상이 있었다. 아타튀르크 흉상을 중심으로 한 단 아래에 셀주크 투르크 시기부터 오스만 제국에 이르기까지 터키 민족의 영광을 가져온 술탄으로 보이는 인물상이 빙 둘러 있었다. 이런 것을 볼 때마다 '터키가 만만한 나라가 아니었구나' 하는 것을 느낄 수 있었다. 이곳에 너무 늦게 도착하여 해안가를 걷는 동안 해는 바다 너머로 사라졌다. 야경이 아름다운 해안가 식당을 하나 골라서 자리를 잡고, 저녁 식사로 오징어 파스타를 시켰다. 난생 처음으로 지중해를 바라보면서 세상 시름을 잊어버린 아름다운 밤이었다.

다음 날 아침, 눈을 뜨자마자 수영복으로 갈아입고 커다란 수건을 손가방에 챙겨가지고 나왔다. 오늘은 지프 투어가 있는 날이었다. 이 투어는 신청

아타튀르크와 오스만 술탄 흉상 아타튀르크 흉상을 중심으로 한 단 아래에 셀주크 투르크 시기부터 오스만제국에 이르기까지 터키 민족의 영광을 가져온 술탄으로 보이는 인물상이 빙 둘러 있었다. 이런 것을 볼 때마다 '터키가 만만한 나라가 아니었구나' 하는 것을 느낄 수 있었다.

자가 몇 대의 지프에 나눠 타고 달리면서 상대방에게 물총을 쏘기도 하고, 근처 유적지를 두어 군데 탐방하고, 사클르켄트 협곡을 구경한 다음 머드 욕장에서 진흙 목욕을 하고 마치는 것이다. 민박집 같은 호텔이라서 그런지 아침 식사가 조금 늦은 시각인 8시 반쯤에 나왔다. 지프가 오기로 한 9시가 다 되었기에 1층 수영장 옆에 차려놓은 아침 식사를 먹는 둥 마는 둥 서둘러 마치고 정문 앞으로 지프가 오길 기다리고 있었다. 그런데 무슨 착오가 있었는지 30분이 지났는데도 지프가 오지 않았다. 핸드폰은 먹통이라서 투어를 대행한 여행사에 카톡으로 연락도 해보고, 호텔 주인의 도움을 받아 여행사에 전화도 해보았는데 늦어서 미안하다면서 조금만 더 기다리면 지프가 올 거라고 했다. 그런데 1시간 30분이나 늦게 나타난 지프는 당초 우리가 예약했던 투어 내용과 사뭇 달랐고 우리가 타야 했던 지프도 아니었다. 이 차의 투어 가이드 얘기로는 우리를 태워야 했던 지프는 이미 오래 전에 떠났다고 한다. 그는 시간이 늦었다면서 나에게 탈 건지 말 건지 얼른 결정을 하라고 해서 가지 않겠다고 답했다. 예약했던 투어 대행사 담당자에게 이 사실을 카톡으로 알리고, 다시 옷을 갈아입기 위해 호텔방으로 들어갔다.

이래저래 시간만 낭비하고 시각은 어느덧 오전 11시를 훌쩍 넘어섰다. 투어는 틀렸기에 오늘 관광 일정을 다시 세워야 했다. 우리는 먼저 샤클르켄트 협곡을 구경한 다음 욀뤼데니즈 해변에 가기로 결정하고 돌무쉬 정거장이 있는 예니 자미(Yeni Camii)를 찾아갔는데 숙소에서 멀지 않은 곳에 있었다. 이곳엔 20분 간격으로 운행하는 일반 돌무쉬와 가격이 비싼 사설 돌무쉬가 운영 중이었는데 다행히 요금이 6리라로 저렴한 일반 돌무쉬를 탈 수 있었고 중간에 몇 군데 마을 정거장에 정차하면서 샤클르켄트 협곡으로 달려갔다. 샤클르켄트 협곡에 가까이 다가설 무렵, 투어 대행 여행사 담당자로부터 전화가 왔다. 여행에 불편을 끼쳐 미안하다고 하면서 투어요금은 귀국하면 환불해 드리겠고, 사과하는 의미에서 마지막 날 이스탄불에 도착하면 로쿰 한 상자와 이스탄불 보스포루스 해협 야산 크루스 투어를 제공하겠다고 제안하였다. 오늘 아침 지프 투어가 깨졌을 때는 무척 황당했고 아침 식사도 제대로 못해 화도 났지만 돌무쉬를 타고 협곡으로 가는 동안에는 오늘 투어가 취소된 게 오히려 잘 됐다는 생각도 들었다. 왜냐하면 투어는 정해진 시간대로 움직이기 때문에 여행의 자유도가 많이 떨어졌기 때문이었다. 우리는 샤클르켄트 협곡에서 느긋하게 구경할 만큼 하고, 또 지프 투어에는 없는 욀루데니즈 해변에도 갈 수 있기에 샤클르켄트로 가는 동안 마음은 오히려 편안해졌다. 그런데 막상 사과 전화를 받으니 시차에도 불구하고 연락을 해줘 고맙기도 했지만 아침의 황당했던 상황이 떠올라 기분이 약간 언짢아졌다. 나는 생각해보고 연락을 주겠다고 말하고 전화를 끊었다.

샤클르켄트 협곡 입구

샤클르켄트 협곡의 용천수 개울물의 수원지는 협곡의 안쪽이 아니라 여울목 근처 암반의 바닥에서 솟구쳐 나오는 용천수였다. 한 곳은 둥글둥글한 돌이 잔뜩 깔린 바닥에서 탄산수처럼 솟구쳐 올랐고 다른 한 곳은 갈라진 바위틈에서 폭포수처럼 쏟아져 나왔는데 물의 양이 엄청났다.

샤클르켄트 협곡은 웅장했다. 협곡에서 나오는 지하 용천수가 계곡으로 흘러내리면서 커다란 개울을 이루고 힘차게 흐르고 있었다. 개울 건너 매표소에서 입장권을 산 다음 협곡의 한쪽 암벽에 설치된 철제 다리를 통해서 계곡 안으로 들어가니 수심이 허벅지 정도인 여울목이 앞을 가로막고 있었다. 이곳을 건너야만 웅장한 대리석 협곡 안으로 들어갈 수 있는데 도대체 이 많은 물이 어디에서 흘러나오는지 궁금해서 주변을 살펴봤다. 놀랍게도 개울물의 수원지는 협곡의 안쪽이 아니라 여울목 근처 암반의 바닥에서 솟구쳐

샤클르켄트 협곡의 여울목을 건너고 나서 허벅지까지 차오르는 여울목의 물살이 제법 세고 빨라서 이곳을 건너려면 여울목을 가로질러 설치된 동아줄을 잡고 조심해서 건너야 했다.

나오는 용천수였다. 이 용천수는 까마득히 높은 암벽 아래 두 곳에서 쏟아져 나왔다. 한 곳은 둥글둥글한 돌이 잔뜩 깔린 바닥에서 탄산수처럼 솟구쳐 올랐고 다른 한 곳은 갈라진 바위틈에서 폭포수처럼 쏟아져 나왔는데 물의 양이 엄청났다. 쏟아져 나오는 용천수의 색깔은 연한 하늘색이 감도는 우윳빛이었다. 이것은 아마도 이 협곡의 지질이 대리석이라서 그런 것 같았다.

이곳 한낮의 기온은 아직도 후끈했지만, 개울물은 5초 이상 발을 담그면 발이 아릴 정도로 차가웠고 바닥에는 크고 작은 돌멩이가 잔뜩 깔려 있어 미끄러지기 십상이었다. 허벅지까지 차오르는 여울목의 물살이 제법 세고 빨라서 이곳을 건너려면 여울목을 가로질러 설치된 동아줄을 잡고 조심해서 건너야 했다. 그런데 이곳엔 세찬 개울물을 안전하게 건네준다면서 접근하는 친절한 터키 젊은이가 여럿 있었다. '내 머리카락에 흰머리가 많이 늘었지만 나도 남잔데 이깟 여울쯤이야' 하고 속으로 생각하면서 "노, 쌩큐!"라고 말했는데도 귀찮을 정도로 계속 접근했다.

협곡 안쪽으로 들어서니 동글동글한 자갈이 쫙 깔려 있었고 바닥을 적시는 정도의 물이 흘러 내렸다. 물에 대리석 성분인 탄산칼슘이 녹아 있는지 고여 있는 물 색깔이 옅은 우윳빛을 띠었다. 구경을 마치고 나오는 여성 관광객 중에는 얼굴에 윤기가 나는 진한 회색빛 머드를 바른 사람이 자주 눈에 띄었다. 아마도 협곡

샤클르켄트 협곡의 안쪽

끝자락에 대리석 성분의 머드를 바를 수 있는 곳이 있는 것 같았기에 우리는 협곡 끝까지 가보기로 했다. 협곡 안쪽으로 계속 들어가니 물이 종아리까지 차는 소가 군데군데 있었고, '이제 거의 협곡 끝자락에 오지 않았을까?' 하고 생각할 무렵 높이가 한 길을 넘는 작은 폭포를 만나서 더 이상 올라가는 것

샤클르켄트 협곡 바깥에 있는 래프팅 출발점 20명 정도 되는 어느 청소년 팀이 시끌벅적 래프팅을 하는 광경을 옆에서 지켜봤다. 이걸 바라보고 있자니 나도 잠시 개구쟁이 어린 시절로 되돌아가고픈 생각이 불쑥 들어 아내와 함께 래프팅을 해보기로 했다.

을 포기하고 왔던 길을 되짚어 내려왔다. 한 길 높이에서 미끄러지듯 쏟아지는 폭포수 주변의 대리석 암반은 발을 딛고 올라가기엔 너무나 반질거렸기 때문이었다.

협곡 입구 매표소 밖은 유원지 분위기가 나는 곳이었다. 나무 그늘에서 점심을 먹고 있는데 맞은편에 래프팅 투어 업체가 몇 곳 눈에 띄었다. 영어 현수막 외에 한글로 된 현수막도 있었는데 영문을 구글 번역기를 이용해서 한글로 직역한 것이라서 약간 우스운 번역도 있었지만 한국 관광객을 상대로 한 터키인들의 적극적인 상술에 머리가 끄덕여졌다. 식사를 거의 마칠 무렵 20명 정도 되는 어느 청소년 팀이 시끌벅적 래프팅을 하는 광경을 옆에서 지켜봤다. 이걸 바라보고 있자니 나도 잠시 개구쟁이 어린 시절로 되돌아가고픈 생각이 불쑥 들어 아내와 함께 래프팅을 해보기로 했다. 구명조끼를 입고 커다란 일인용 튜브에 올라타고 짤막한 노를 저어가면서 물길을 따라 40분 정도 내려가는 래프팅 비용은 1인당 40리라였다.

래프팅을 하면서 바라본 샤클르켄트 협곡

　커다란 일인용 튜브에 몸을 기대고 빠르게 흐르는 샤클르켄트의 개울물을 따라 두둥실 떠내려갔다. 처음엔 여유 있게 스마트 폰까지 꺼내서 주변 풍경을 카메라에 담았다. 개울물은 깊은 곳이 허리춤 정도로 보였지만 물살이 제법 빨랐기에 약간 긴장되기 시작했다. 지금 생각하면 우습지만 솔직히 말해서 겁이 났다. '어? 이거 장난이 아닌데.' 하는 생각이 들자 나는 사진 찍는 것을 중단하고 스마트 폰을 구명조끼 안에 집어넣었다. 먼저 출발한 아내를 뒤쫓아가던 나는 내 의지와 상관없이 세찬 물살에 떠밀려 앞질러갔다. 내 뒤로 점점 멀어지는 아내를 보자 혹시 뒤따라오는 아내에게 무슨 일이 일어나도 손을 쓸 수가 없겠다는 생각이 들어 살짝 두려움마저 들었다. 손에 쥔 짤막한 노는 나에겐 있으나 마나 한 것이었다. 노를 저어서 방향을 바꾸거나 속도를 늦추기가 쉽지 않았다. 개울 바닥에는 각진 돌멩이가 쫙 깔려 있었고 개울 폭이 갑자기 넓어지는 곳에서는 물살이 약해지면서 수심도 얕은 곳이 몇 군데 있었는데 이곳을 지날 때는 엉덩이가 각진 돌멩이에 부딪혀 제법 아팠다. 이렇게 한 40분 정도 떠내려가다가 래프팅 업체 직원이 승합차를 길가

샤클르켄트 래프팅 장면 까맣게 잊고 있었던 물놀이의 두려움이 이번 래프팅에서 되살아났기에 나는 두 번 다시 이런 물놀이는 하지 않기로 작정했다.

에 세우고 우리를 기다리고 있는 곳에서 래프팅을 끝마쳤다. 물놀이를 끝내는 것이 반가웠던 적은 몇 년 전에 중국의 황하석림을 구경하기 위해 싯누런 황하를 양가죽 뗏목에 5명이 걸터앉아 출렁거리며 내려갔을 때와 이번 래프팅이다. 까맣게 잊고 있었던 물놀이의 두려움이 이번 래프팅에서 되살아났기에 나는 두 번 다시 이런 물놀이는 하지 않기로 작정했다.

사클르켄트 래프팅을 마치고 오늘의 출발지였던 페티예 돌무쉬 정거장으로 간 다음, 이곳에서 다시 욀뤼데니즈 해변행 돌무쉬로 갈아타고 지중해 해변으로 향했다. 욀뤼데니즈는 '고요한 바다'란 뜻이며 이곳 지중해 특유의 바다 색깔인 청옥빛, 터쿼이스 블루(Turquoise blue) 색을 띠는 잔잔한 바다와 2km가량 길게 모래사장이 뻗어 있는 해변이다. 욀뤼데니즈 해변에 도착하니 이곳의 유명한 레포츠인 패러글라이딩이 한창 진행되고 있었다. 하늘엔 온통 울긋불긋한 독수리 떼가 유유자적 활공을 하다가 사뿐히 모래사장 주변에 착륙하였다. 욀뤼데니즈 해변은 모래가 아닌 동글동글한 자갈이 쫙 깔

욀루데니즈 해변의 패러글라이딩 활강 모습

린 몽돌 해변이었다. 그래서 모래가 몸에 잘 묻지를 않아 해수욕을 즐기기가 더욱 좋았다. 청옥빛, 터쿼이스 블루의 지중해는 말로 표현하기 어려운 아름다운 바다였다. 욀뤼데니즈 해변에도 황혼이 깃들기 시작했다. 내일은 이곳에서 '하얀 목화의 성'이란 뜻의 파묵칼레로 출발한다. 여행은 점점 정점을 향해 달리고 있었다.

욀루데니즈 해변의 몽돌 해수욕장 욀뤼데니즈는 '고요한 바다'란 뜻이며 이곳 지중해 특유의 바다 색깔인 청옥빛, 터쿼이스 블루(Turquoise blue) 색을 띠는 잔잔한 바다와 2km가량 길게 모래사장이 뻗어 있는 해변이다.

페티예 욀루데니즈 해변의 지중해 물빛 청옥빛, 터쿼이스 블루의 지중해는 말로 표현하기 어려운 아름다운 바다였다.

제4장

고려청자 칠보무늬의 고향을 찾아서

환상적인 목화의 성, 파묵칼레

파묵칼레 / 히에라폴리스

만약 언젠가 또 다시 터키를 방문하게 된다면, 다시 들르고 싶은 곳은 이스탄불, 파묵칼레, 에페소스이다. 지금도 '하얀 목화의 성'이란 뜻의 파묵칼레의 눈처럼 흰 석회석 표면에 찰랑거리며 흐르는 물을 밟고 올라가던 황홀했던 순간이 눈에 삼삼하다.

9월 11일 금요일 오후 12시 무렵, 페티예 오토가르에서 출발하는 시외버스를 타고 파묵칼레로 향하였다. 이번 터키 여행에서 최대 실수는 숙소에서 아침 출발을 늦게 한 것이었다. 그것은 전날 밤 잠자리에 늦게 들었기 때문이었는데, 대개는 스마트폰으로 포털 사이트에 접속해서 이런저런 기사를 읽느라 혹은 형제들과 카톡으로 수다를 떨면서 새벽까지 시간을 보냈기 때문이었다. 버스는 안탈리아에서 페티예로 넘어올 때 들렀던 갈림목의 휴게소에서 15분 간 쉰 다음, 파묵칼레 방향으로 틀어 내륙 길을 따라서 데니즐리로 향했다.

날씨는 여전히 쾌청하였다. 버스로 달리는 도중에 조각의 도시, 아프로디시아스 유적지 방향을 알려주는 도로 표지판이 보였다. 아프로디시아스와 파묵칼레는 100km 정도 떨어져 있다. 이번 여행에서는 일정상 들르지 못했지만 언젠가 다시 터키 여행을 하게 된다면 꼭 들러보고 싶은 장소이다. 버

파묵칼레 석회층 암벽 풍경

스는 산과 벌판 사이를 누비며 한참을 달리다 데니즐리 시가지로 진입하였다. 버스가 도시의 높은 언덕길에서 내려갈 때, 오른쪽 차장 밖으로 멀리 떨어진 곳에 마치 채석장처럼 보이는 허연 암벽이 보였다. 바로 파묵칼레였다.

데니즐리는 매우 큰 도시였다. 오토가르에 도착하여 대기하고 있던 세르비스로 옮겨 타고 파묵칼레 숙소 근처에서 내렸다. 페티예에서 출발하여 숙소까지 오는데 4시간 정도 걸렸다.

호텔은 파묵칼레의 하얀 석회석 암벽이 정면으로 바라다보이는 곳에 있었는데 2층 창밖으로 내다본 하얀 석회층으로 뒤덮인 암벽은 눈이 부시도록 희었다. 오후 늦게 도착했기에 숙소에 짐을 풀고 서둘러 파묵칼레의 하얀 석회층을 보러 갔다.

고대부터 온천 휴양지였다는 이곳엔 석회층 언덕 너머에 BC 2세기 무렵 페르가몬의 왕 에우메네스 2세가 건설하고 로마 시대에 번영을 누린 고대도시 히에라폴리스 유적지가 있다. 히에라폴리스는 그리스어로 신전 또는 성소란 뜻의 히에라(Hiera)와 도시를 뜻하는 폴리스(Polis)의 복합어로 '신성한

석회층 지대 물에 흠뻑 젖은 까끌까끌한 석회층을 밟고 올라갈 때 발에서 느껴지는 촉감은 뭐라 말하기 어려울 정도로 황홀했다.

도시'라는 뜻이다. 이렇게 불리게 된 것은 히에라폴리스의 주민들이 이 도시의 주신으로 아폴론을 숭배하여 그의 신전을 세웠으며, 아폴론 이외에도 아르테미스 여신, 디오니소스, 레토 여신, 포세이돈, 하데스, 헤라클레스와 같은 여러 남신과 여신을 숭배했기 때문이었다. 또 다른 설로 헤라클레스의 아들로 페르가몬을 세운 텔레포스(Telephus)의 아내 히에라에서 비롯되었다는 이야기도 있다.

파묵칼레와 히에라폴리스 입장료는 25리라였다. 이곳의 석회층을 보호하기 위해 매표소를 지나자마자 신발을 벗고 맨발로 올라가야 했다. 석회층 표

석회 언덕에서 마을을 내려다본 풍경 석회층 언덕에 서서 발치 아래 장쾌하게 펼쳐진 풍광을 내려다보았다. 문득 어디선가 불어오는 한줄기 바람이 내 몸을 휘감고 지나가는데 바람결이 목화솜처럼 무척 부드럽고 따스했다.

면에는 마치 우리나라 서해에 있는 환상의 섬 굴업도의 물이 빠진 해변가 모래밭을 연상케 하는 잔주름이 잔뜩 잡혀 있었다. 조금 올라가니 마치 커다란 연못처럼 석회층에 물이 가득 고인 소를 만났다. 작열하는 태양과 눈이 부시도록 하얀 석회층, 그리고 파란 물빛이 어우러져 환상적인 장면을 연출하였다. 석회 언덕을 올라가니 벼랑 쪽에 설치한 좁은 수로를 따라서 콸콸거리며 흐르던 물이 간혹 넘치면서 잔주름이 잔뜩 잡힌 석회층 표면을 따라 찰랑거리며 흘렀다. 물에 흠뻑 젖은 까끌까끌한 석회층을 밟고 올라갈 때 발에서 느껴지는 촉감은 뭐라 말하기 어려울 정도로 황홀했다. 인공수로를 따라 흐르는 물의 수원지는 언덕 위 평지에 있는 히에라폴리스 유적 온천이었다. 석회층 언덕에 서서 발치 아래 장쾌하게 펼쳐진 풍광을 내려다보았다. 문득 어디선가 불어오는 한줄기 바람이 내 몸을 휘감고 지나가는데 바람결이 목화솜처럼 무척 부드럽고 따스했다.

언덕 위에 오르니 너른 평지가 나타나면서 고대 유적이 여기저기 흩어져

히에라폴리스 온천 온천물에 처음 몸을 담갔을 때는 약간 차갑게 느껴졌는데, 곧 따스한 온기가 온몸에 전해졌다. 물 밑에는 돌기둥과 석조물이 이리저리 쓰러져 있어, 내가 마치 타임머신을 타고 로마시대로 날아온 듯 황홀한 기분이 들었다.

있는 것이 보였다. 평지에서 200m 정도 더 앞으로 걸어가니 다랭이논처럼 생긴 석회층 지대가 또 나타났다. 이곳이 바로 파묵칼레 홍보 사진이나 광고에서 흔히 봤던 바로 그 장소였다. 그런데 이곳엔 물이 공급되질 않아서 뜨거운 햇살에 바싹 마른 허연 석회층이 바닥을 드러내고 있어 볼품이 없었고 몇 군데 다랭이논에 간신히 물이 고여 있을 뿐이었다. 그래서 그런지 이곳엔 관광객이 거의 없었고, 석양을 볼 때도 대부분의 관광객은 조금 전 매표소를 지나 올라왔던 오르막 석회층 지대에 모여 있었다. 덕분에 우리 부부는 이곳에 설치된 나무판자에 걸터앉아 오붓하게 지는 해를 구경할 수 있었다.

히에라폴리스의 유적 온천 마감 시간이 7시라서 유적 구경은 나중에 하기로 하고 온천 매표소를 먼저 찾았다. 온천 입장료는 32리라였고, 사물함 비용으로 10리라를 따로 내었다. 온천물에 처음 몸을 담갔을 때는 약간 차갑게 느껴졌는데, 곧 따스한 온기가 온몸에 전해졌다. 물 밑에는 돌기둥과 석조물이 이리저리 쓰러져 있어, 내가 마치 타임머신을 타고 로마 시대로 날아온

파묵칼레 다랭이논에서 바라본 석양 흔히 석양이 아름다운 장소로 에게 해 산토리니 섬의 이아마을을 꼽는다. 산토리니의 해넘이는 낭만적이고 정열적인 아름다움이었다면, 이곳 파묵칼레의 해넘이는 니콜라 푸생의 고전주의 화풍에서 느낄 수 있는 몽환적이면서도 장엄한 아름다움이었다.

듯 황홀한 기분이 들었다. 정말 환상적인 곳이라서 오랫동안 머물고 싶었다.

하지만 어느덧 오후 7시가 다 되었기에 파묵칼레의 지는 해를 보기 위해 온천을 나와 석회층 지대로 다시 갔다. 히에라폴리스에는 시나브로 땅거미가 깔리기 시작했다. 다랭이논을 앞에 두고 아내와 함께 나무판자에 걸터앉아 저 멀리 산 너머로 뉘엿뉘엿 지는 해를 바라보고 있자니 결혼 전 아내와 연애하던 시절에 느껴봤던 짜릿한 감흥이 오랜만에 일어났다. 흔히 석양이 아름다운 장소로 에게 해 산토리니 섬의 이아마을을 꼽는다. 산토리니의 해넘이는 낭만적이고 정열적인 아름다움이었다면, 이곳 파묵칼레의 해넘이는 니콜라 푸생의 고전주의 화풍에서 느낄 수 있는 몽환적이면서도 장엄한 아름다움이었다.

해가 서산으로 넘어가니 히에라폴리스에도 서서히 어둠이 깔리기 시작했다. 박물관은 이미 문을 닫았기에 히에라폴리스의 유적을 주마간산 둘러보기로 했다. 일단 한 시 방향에 있는 반달형 고대 극장에 가보기로 했다. 길을

멀리서 바라본 히에라폴리스 고대 극장 날이 어둑해져 고대 극장을 서둘러 구경하려고 극장 옆 가시풀밭에 들어갔다가 아주 혼쭐이 났다.

따라 걷는데 어디선가 불어온 바람이 내 몸을 휘감고 지나간다. 나는 목화솜 같이 부드러운 바람을 온몸으로 느껴보고 싶어 웃통을 벗어젖혔다. 마치 로마인이 된 기분이었다. 복원 중인 고대 극장 주변 지역은 펜스가 둘러쳐져 있었다. 너무 늦은 시각이라 지름길로 질러가기 위해 공사 인부들이 드나드는 쪽문으로 들어가서 극장 정면으로 갔는데 건물 출입구란 출입구는 모두 봉쇄되어 있어 안으로 들어갈 수가 없었다. 극장 내부를 보려면 아까 들어왔던 쪽문 밖으로 나가서 펜스 주위에 난 길을 따라 언덕 꼭대기로 올라가야 했다. 다시 돌아 나가려니 날도 어두워지고 힘도 들어서 꾀를 냈다가 아주 혼쭐이 났다. 극장 건물 왼쪽에 반원형 터널이 드러나 있어서 그 쪽으로 가면 극장 안으로 들어갈 수 있는 통로가 있을 것만 같았다. 그런데 터널 가까이 올라가 살펴보니 그곳으로 접근할 수가 없었다. 우리는 여기서 그만 포기하고 왔던 길로 내려갔어야만 했다. 그런데 여기까지 올라온 게 또 아까워서 터널 왼쪽 비탈의 꼭대기까지 걸어 올라가다 보면 어디엔가 출입구가 있겠거니 생각하면서 키가 나지막한 잡풀이 잔뜩 깔린 다소 가파른 비탈길을 따라 무작정 위로 올라갔다.

그런데 어느 순간부터 갑자기 발바닥이 따끔따끔하기 시작했다. 이상하다고 생각하면서도 풀밭을 계속 밟고 올라가는데 급기야 뭔가가 신발 속으로 때굴때굴 굴러 들어왔다. 이어서 뾰족한 바늘로 찔린 것처럼 발바닥이 무척 따갑게 아파왔다. '이게 뭐지? 왕모래가 굴러 들어왔나?' 하고 정체 모를 것을 손가락으로 집어 보니 마치 바늘에 찔린 듯 따끔하게 아팠다. 자세히 살펴보니 그것은 난생 처음 보는 무섭게 생긴 가시였다. 딱딱하면서 각이 진 콩알 크기의 몸통에 가시가 4~5개 달려 있는데, 그 중 하나는 길이가 1cm 정도로 매우 뾰족해서 신발 밑창을 뚫기에 충분했다. 나는 수도승이 깨달음을 얻은 순간처럼 머릿속이 번쩍하여 주변 풀밭을 살펴보려는 순간 뒤따라 올라오던 아내의 비명소리가 들렸다. '와, 큰일 났다!' 우리는 히에라폴리스의 지뢰밭에 들어선 것이었다. 우리는 앞으로 나아갈 수도 뒤로 물러설 수도 없는 진퇴양난에 빠졌다. 이곳을 빨리 벗어나고 싶었지만 가시풀밭을 밟지 않고서는 도저히 내려갈 수가 없었다. 할 수 없이 바늘로 발바닥을 콕콕 찌르는 아픔을 참고 내려갈 수밖에 없었다. 풀밭을 지르밟고 내려가다 가끔 콩알같이 생긴 가시 덩어리가 신발 속으로 떼굴떼굴 굴러 들어올 때는 공포감마저 들었다. 어기적거리는 걸음으로 진땀을 흘려가면서 지뢰밭을 간신히 빠져 나왔다. 공자님께서 '길이 아니면 가지를 말라(非道不行)'고 하신 게 괜히 하신 말씀이 아니었다.

결국 펜스 쪽문 밖으로 나가서 펜스 옆 언덕길을 따라 꼭대기까지 걸어 올라가니 이곳에 고대 극장으로 들어갈 수 있는 자그마한 출입구가 있었다. 이미 사방은 짙은 어둠이 깔려 가로등에는 불이 들어왔고 고대 극장에도 조명이 환히 켜져 있었다. 극장은 원형이 비교적 잘 복원되었는데, 관람석의 경사가 상당히 가팔랐다. 며칠 전 들렀던 아스펜도스 고대 극장의 정면 무대의 벽은 그냥 담벼락처럼 평평했지만, 이곳 벽은 마치 테트라피론(Tetrapyron)처럼 4개의 돌기둥 또는 2개의 돌기둥이 삼각형 박공을 받치는 형태로 되어 있어 매우 아름다웠다. 5년 전 동생이 방문했을 때 찍은 사진과 비교해보니, 그때에 비하면 정면 무대 복원이 거의 완벽하게 이뤄져 있었다. 언젠가 이곳에서도 한여름 밤에 오페라와 발레 공연이 이뤄진다면 정말 환상적일 것 같다. 시간은 밤 8시를 훌쩍 넘어 배도 출출했고 가로등이 드문드문 켜져 있었지만 사방이 칠흑같이 어두워 호텔로 돌아가기로 했다. 아까 들어왔던 서쪽의 파묵칼레 매표소로 나갈까 하다가 길이 어두워서 혹시나 물이 흐르는 석회층에서 미끄러질까봐 남쪽 출입문으로 나갔다. 남쪽 매표소의 가로등 불빛에 신발 바닥을 살펴보니, 바닥엔 온통 가시가 박혀 있고 몇 개는 신발창을 뚫고 끝이 살짝 돌출해 있었다. 돌무쉬 차편은 이미 끊겨서 매표소 직원의 도움을 받아 택시를 불러 타고 호텔로 돌아왔는데  3~5분 거리에 택시비는 30리라였다. 호텔 앞에서 파묵칼레의 석회층을 올려다보니 가로등 불빛이 훤하게 대낮처럼 밝히고 있었다.

저녁 9시가 되어 배도 고팠고, 여행길이 열흘을 넘어서니 얼큰한 우리 음식이 먹고 싶었다. 혹시나 싶어 골목을 기웃거렸더니 바로 코앞에 한국음식을 파는 무스타파 할아버지네 식당이 보여 횡재했다는 생각이 들었다. 큰 기대를 갖고 라면과 볶음밥을 시켰는데 라면은 물을 너무 많이 넣고 끓여 밍밍했고 볶음밥도 맛이 그저 그랬다. 외국에서 사 먹는 한국음식은 맛을 크게

히에라폴리스 고대 극장

기대하면 안 되는 것이었다.

  무스타파 할아버지네 식당을 나와 호텔에 들어가니 밤 10시가 조금 안됐는데, 1층 로비 입구에서 호텔 매니저를 만나지 말았어야 했다. 호텔 매니저는 반갑게 인사하며 "구경 잘 했냐?"고 아는 체를 하더니 "내일은 어디로 가느냐, 버스표를 예매했냐?"고 물었다. 나는 "셀축에 가려하고 예매는 안 했다."고 했더니 파묵칼레에서 셀축으로 가는 직행버스는 내일 아침 9시 차편밖에 없다는 것이었다. 처음 듣는 얘기였다. 아내와 나는 조금 전에 저녁 식사를 하면서 내일 아침에는 오늘 구경을 못한 박물관을 관람하고 시간이 너무 늦어 제대로 구경하지 못한 히에라폴리스 유적지의 구석구석을 살펴보자고 얘기했다. 무엇보다 물이 찰랑찰랑 흐르는 까끌까끌한 석회암층을 맨발로 다시 밟아보고 싶었다. 그런데 셀축으로 가는 차편이 하루에 한 편, 그것도 아침 9시밖에 없다는 얘기에 당황했다. '어떻게 할까?' 하고 잠시 망설이다 결국 내일 오전 관광을 포기하고 셀축으로 가기로 결정하였다. 호텔 매니저에게 차편을 예약해 달라고 하고 호텔방으로 들어왔다.

그런데 호텔방에 들어와 내일 일정에 대해 아내와 다시 얘기를 나눈 끝에 셀축 차편을 다시 알아보기로 하고, 오전에 파묵칼레와 히에라폴리스 구경을 한 번 더 하는 것으로 결정했다. 버스 티켓 예약을 취소하기 위해 1층 리셉션 데스크로 갔더니 그 호텔 매니저는 사라지고 없었고 젊은 직원이 있었다. 사정을 얘기하고 차편을 취소하고 싶은데 가능한지 물어보니 그 젊은 직원은 차편 취소에 아무런 문제가 없다고 말했다. 좀 찜찜했지만 직원의 말을 믿고 방으로 돌아왔다.

다음 날 아침 8시, 호텔에서 제공하는 아침 식사를 마치고 호텔 매니저를 찾아 "아침 차편을 취소하고 싶다."고 말하니 버스티켓 비용 70리라를 이미 지불했다고 말하면서, 셀축행 버스가 아침 9시에 출발하니 얼른 결정을 하란다. 여기서 70리라를 물어주고 히에라폴리스를 마저 구경할 것인지 아니면 떠날 것인지 1분 안으로 결정을 해야 했는데, 우리가 이곳 차편 사정을 모르기에 아쉽지만 떠나기로 하였다. 시간은 이미 버스 출발시각인 9시가 됐기에 서둘러 2층 방으로 올라가 아침에 일어나자마자 꾸려놓은 캐리어를 끌고 호텔 앞에 주차한 승용차에 올라타 가까운 파묵칼레 버스회사 사무실로 갔다. 이곳에서 10분 정도 기다렸다가 골목길에 주차한 버스를 탑승했는데 소형 버스였다. 차가 작아서 아무래도 셀축행 직행버스가 아닌 것 같다는 느낌이 들었는데, 역시나 데니즐리 오토가르행 차편이었고 이곳에서 셀축행 버스로 옮겨 타고 셀축으로 향하였다. 나중에 알아보니 데니즐리에서 셀축행 버스편이 오전과 오후에 각각 3편씩이나 있었다. 환상적인 파묵칼레를 제대로 구경하지 못하고 떠나는 것이 무척이나 아쉬웠지만 이번 여행의 하이라이트인 셀축과 에페소스에서 더 많은 시간을 보내라는 신의 뜻으로 알고 애써 아쉬움을 떨쳐냈다.

고려청자 칠보무늬의 고향, 에페소스

소크라테스 이전의 서양 철학자인 헤라클레이토스는 BC 600년 에페소스의 왕실 집안에서 태어났다. 그의 철학사상을 나타내는 어록 가운데 유명한 "같은 강물에 두 번 발을 디딜 수는 없다.(You cannot step twice into the same river.)"는 '이 세상에 변화하지 않는 것은 없다'는 뜻이며, 변화야말로 이 세상(우주) 만물의 본질이라고 생각한 것이었다. 이는 거의 동시대 동양철학인 노자철학과 상통하는 면이 많다고 하며 훨씬 후기인 19세기 근대에 이르러 정치경제를 보는 새로운 시각인 유물론을 창시한 칼 마르크스에게 많은 영감을 불어넣어 주었다.

동·서양 철학이 근본적으로 갈리게 된 것은 헤라클레이토스 사후 100년경(BC 500년경)에 등장한 그리스 철학자 파르메니데스부터이다. 파르메니데스는 우리의 오감으로 느낄 수 있는 것은 사물의 본질이 아니며 변화하지 않는 그 무엇이 있고 그것이 사물의 본질이라고 주장했다. 그는 변화하는 것을 일컬어 현상(Phenomena)이라 하고, 변화하지 않은 것을 실체(Substance)라고 불렀으며 이 실체야말로 인간이 추구해야 할 이상이라고 주장했다. 그의 철학사상은 플라톤에 이르러 형이상학적 이데아(Idea) 사상으로 정립되었다. 고대 그리스에서 수학이나 기하학이 고도로 발달했던 이유도 사물(현상)의

이면에 변하지 않는 절대적 진리(이데아)를 밝혀내려는 플라톤 철학이 그 바탕을 이루었기 때문이다. 서양에서 17세기 이후 자연과학이 크게 발전하게 된 것도 겉보기 자연현상 뒤에 숨겨져 있는 불변의 이데아를 찾아내려는 노력 덕분이었다. 예를 들면, 아이작 뉴턴이 사과나무에서 사과가 떨어지는 것을 보고 '만유인력'의 법칙을 발견하게 된 것도 눈에 보이는 자연현상(자유낙하)의 이면에 존재하는 불변의 이데아(중력의 법칙)를 찾고자 하는 플라톤 이후 유럽인의 사상을 지배했던 현상과 실체라는 이분법적 사고 덕분이었다. 동양철학에는 이러한 이분법적 사고가 없었기에 경험과학(종이, 화약, 인쇄술, 도자기의 발명)은 서양에 비해 앞섰지만 자연과학이 태동하지 않았다. 결국 18세기 중반부터 19세기 초반에 유럽에서 일어난 산업혁명에 의해 급성장한 서구 열강의 침략을 받게 되었다. 또한 플라톤의 이데아 사상(현실 세계와 이상적 세계로 구분하는 이원론적 사상)은 예수 사후에 등장한 기독교 종교철학, 즉 로고스와 천국 사상의 토대를 제공하였다.

나는 이번 터키 여행의 하이라이트이며 만물의 변화를 긍정한 헤라클레이토스의 고향인 에페소스를 찾아가기 위해 셀축으로 향하였다. 9월 12일 토요일 아침 9시에 파묵칼레를 출발한 우리는 데니즐리 오토가르에서 셀축행 버스로 갈아타고 3시간쯤 달려 셀축 오토가르에 도착하였다. 오토가르에서 가까운 호텔을 찾아갈 때 이제야 비로소 USIM칩이 작동하기 시작한 스마트폰의 구글 지도가 큰 도움이 되었다. 숙소는 성 요한 교회에서 손을 뻗으면 닿을 만한 곳에 있었는데 이곳에서 에페소스 박물관은 걸어서 5분 거리에, 박물관 뒤쪽에 있는 아르테미스 신전은 걸어서 10분 거리에 있고, 셀축 오토가르는 박물관 맞은편 길 건너에 있어 교통이 매우 편리한 곳이었다.

숙소에 짐을 풀어 놓고 먼저 박물관 앞 식당에서 늦은 점심을 먹고 박물관 구경을 했다. 이곳에는 에페소스 고대 유적지에서 발굴된 중요 유물이 전시되어 있었는데 그 중에서 가장 대표적인 유물은 아르테미스 여신상이다. 에

(왼쪽) 예쁜 아르테미스 여신상, (오른쪽) 거대한 아르테미스 여신상

페소스는 아르테미스 여신을 숭배하던 폴리스였다. AD 1~2세기 무렵 제작된 두 기의 아르테미스 여신상이 에페소스 유적지에서 발굴되어 서로 마주보고 있는 개별 전시실에 전시되어 있었다.

아르테미스(Artemis)는 고대 그리스 신화에 나오는 달의 여신이며 사냥의 여신, 야생동물을 보호하는 여신, 처녀성의 여신이며 로마신화에서는 디아나(Diana)로 영어로는 다이아나로 불린다. 제우스와 레토 여신 사이에 태어난 딸로, 아폴론과 쌍둥이 남매지간이다. 올림포스 12신에 속하며 활과 화살, 초승달, 곰, 사슴, 토끼가 아르테미스 여신을 나타내는 대표적 상징물이다.[1] 그런데 고대 에페소스 인들은 아르테미스를 그리스 신화의 풋풋한 처녀

예쁜 아르테미스 여신상(확대 사진)

신, 아르테미스 이미지가 아닌 앞가슴에 젖이 주렁주렁 달린 풍요의 여신으로 묘사하고 숭배했는데, 이는 청동기 시대부터 아나톨리아 중서부 지역에 살던 고대 프리기아인들이 숭배했던 대지모신이자 다산과 풍요의 신인 키벨레(Cybele) 신앙에서 비롯된 것으로 추정하고 있다. 또 이 키벨레 신앙은 터키 아나톨리아 중남부의 차탈회익에서 발견된 후기 신석기 문명의 대지모신 신앙하고도 연결된다.

아르테미스 신전 터에 대한 고고학적 발굴 성과에 따른 또 다른 학설을 소개하면 다음과 같다.

BC 2천년경 이곳에 운석이 떨어져 움푹 패인 분지가 형성되었고 오랜 시간이 흘러 숲이 우거진 곳이 되었는데 러시아 남단에 살던 호전적인 여인족이 이곳의 신성한 숲으로 이주해서 살았다. 이 여인족은 그리스 신화의 아마존으로 추정되고 있으며 이들은 신전을 세우고 성 및 출산과 관련된 우상숭배를 하였는데 이것이 신앙으로서 틀을 갖추게 되면서 아르테미스 여신 숭배로 나타나게 되었다고 한다. 아무튼 박물관에 전시된 아르테미스 여신상은 예쁘기보다는 기괴하다는 느낌이 강했는데, 여신상의 이곳저곳을 장식한 문

[1] 위키백과에서 인용하였다.

박물관 앞 기단 위에서 자고 있는 고양이

양, 즉 승리의 여신 니케, 사자, 황소, 그리핀, 별, 꽃 그리고 목 부분을 장식한 12궁 별자리가 나의 눈길을 끌었다. 그밖에 다양한 석상과 부조를 구경하고 박물관에서 나오니 현관 옆에 검투사가 새겨진 기단 위에 고양이가 늘어지게 자고 있었다. 터키는 고양이가 행복한 나라였다.

박물관 구경을 마쳤는데 오후 5시밖에 안 되었다. 숙소 앞 성 요한 교회는 너무 늦은 시각이라 안으로 들어갈 수 없어 내일 보기로 하고 숙소에서 잠시 쉰 다음 셀축 오토가르 뒤편에 있는 장터를 구경했다. 그런데 나중에야 알았지만 터키 와인과 과일주로 유명한 쉬린제 전통마을이 셀축 오토가르에서 출발하는 돌무쉬를 타고 15분 정도 거리에 있었다. 나는 터키 여행을 떠나기 전 아내가 이곳 쉬린제 마을과 사프란볼루를 여행지로 추천했을 때, 전통마을은 한 곳만 보면 됐지 뭐 두 군데씩이나 갈 필요가 있을까 싶어 사프란볼루만 들르고 쉬린제 마을은 가지 말자고 했었다. 그런데 쉬린제 마을이 셀축에서 불과 15분 거리에 있는 줄은 상상도 못했다. 다 지난 일이지만 앞으로 해외여행을 갈 때엔 아무리 바쁘더라도 여행지에 대한 사전 공부는 필요하다는 교훈을 얻게 되었다.

다음날 아침 식사 후에 호텔에서 무료로 제공하는 15인승 승합차를 타고

에페소스 아고라 유적지

  이곳에서 3.5km 정도 떨어진 에페소스 고대 유적지로 향하였다. 차는 도심을 벗어나 잠시 달려 오데온이 있는 남문 매표소에 도착했다. 운전기사는 차를 반대쪽 북문 주차장에 세워둘 테니, 3시간 후에 그곳에서 만나자고 했다. 셀축 오토가르에서 출발하는 대중교통 수단인 돌무쉬는 대극장이 있는 북문으로 가는데 이곳을 한 번 구경해 본 경험에 비춰보면, 남문으로 들어와 북문으로 나가는 것이 더 드라마틱한 답사가 될 것 같다.

  입장료는 다른 유적지보다 비싼 30리라였다. 또 이 유적지 안에 테라스 하우스(Terrace house)라고 불리는 고급 주택단지 발굴지가 있는데 이곳을 구경하려면 따로 15리라의 입장료를 내야 했다. 매표소에서는 두 곳을 함께 구경할 수 있는 통합티켓을 약간 할인된 가격으로 팔았다. 남문 출입구로 들어서자 왼쪽에 아고라 유적지(State Agora)가 있는데, 한쪽에 하수관로가 설치된 것이 눈에 띄었다. 하수관은 붉은 진흙을 빚어 구워 만든 토기처럼 보였고 그 생김새가 현대 도시에서 사용되고 있는 하수관이랑 똑같이 생겨서 나는 매우 놀라지 않을 수 없었다. 그런데 나중에 자료조사를 해보니, 도시의

오데온에서 내려다 본 풍경

(왼쪽부터 시계방향으로) 헤라클레스 문, 시청사, 승리의 여신 니케

하수도 시스템을 최초로 고안한 문명은 BC 7세기 메소포타미아의 신 바빌론 제국 또는 BC 6세기 아케메네스 왕조의 페르시아 제국이라는 것을 알게 되었다. 아시아 고대 선진 문명이 그리스를 통해서 로마까지 전수된 것이었

쿠레테스 거리 에페소스는 남문(아고라)으로 들어와 북문(대극장)으로 나갈 때 더 드라마틱한 답사가 된다. 헤라클레스의 문을 지나니 대리석으로 포장된 쿠레테스 거리가 시작되면서 멀리 셀수스 도서관이 보였다.

다. 문명이란 강물처럼 높은 곳에서 낮은 곳으로 흘러가기 마련이니, 에게해를 둘러싼 고대 문명 사이에 문명 교류가 활발히 일어난 것은 당연한 현상일 것이다.

아고라 구경에 이어서 오데온, 시청사, 도미티아누스 신전, 니케여신 부조 등을 구경하고 헤라클레스 문을 지나 대리석재가 바닥에 깔린 쿠레테스 거리를 따라 내려갔다. 저 앞에 비로소 에페소스를 대표하는 건축물인 셀수스 도서관이 보이기 시작하니 '내가 에페소스에 진짜 왔구나' 하는 실감이 나면서 감동의 물결이 일어났다.

쿠레테스 거리의 트라야누스 샘을 지나 하드리아누스 신전을 만났다. 이 신전은 '로마에 의한 평화', 즉 '팍스 로마나' 시기의 오현제 가운데 한 명으로 AD 128년 에페소스를 방문한 하드리아누스 황제에게 바친 신전으로 알려져 있다. 그러나 제단을 위한 공간이 없어서 신전이라기보다는 하드리아누스 황제, 아르테미스 여신, 그리고 에페소스 주민들에게 헌정된 기념물이란 주

하드리아누스 신전 AD 128년 에페소스를 방문한 하드리아누스 황제에게 바친 신전이라는 설이 있으며, 신전 옆 계단으로 올라가면 셀수스 도서관과 대리석 거리를 조망할 수 있는 전망대로 연결된다.

하드리아누스 신전 뒤켠의 테라스에서 바라본 셀수스 도서관 풍경 셀수스 도서관과 대극장을 이어주는 대리석 거리가 보인다.

장도 있다. 신전 정면은 아칸서스 잎으로 장식한 2개의 코린트식 원기둥이 반달형 아치를 떠받치고 있는 형태였고 아치 한가운데에 행운의 여신인 '티케' 두상이 있다. 뒤쪽 아치 중앙에는 '메두사' 반신상이 있는데 이는 악마를

쿠레테스 모자이크 거리(자료 사진) 하드리아누스 신전 맞은편에 있다. 문양이 흐릿하긴 하지만 갖가지 기하학적 형태의 그리스·로마 문양을 볼 수 있기에 문양에 관심이 있는 사람은 유심히 살펴볼 만한 곳이다.

쫓아내는 벽사의 기능과 부정한 것이 들어오지 말라는 액막이용으로 장식한 것으로 보인다. 이 신전은 4세기에 부분적으로 파손되어 재건축하는 과정에서 부조가 새겨진 대리석 판석 4개를 메두사 양옆에 프리즈(Frieze)로 끼워 넣었다. 부조의 내용은 에페소스 도시의 건설 신화로 도시의 건립자인 그리스 왕자 안드로클레스가 수퇘지를 쫓아가는 장면, 제단 앞에서 의식을 행하는 로마황제와 승리의 니케 여신 등으로 진품은 에페소스 박물관에 전시되어 있고 이곳에 있는 것은 모조품이다. 신전 옆에 계단이 있어 올라가니 전망대로 연결되었다. 이곳에서 셀수스 도서관과 도서관 앞에서 대극장까지 이어진 대리석 거리가 한눈에 들어왔다.

  쿠레테스 거리의 하드리아누스 신전 맞은편에는 특별히 모자이크로 장식된 보도(모자이크 거리)가 있는데 그 길이가 자그마치 수십 미터에 이른다. 오랜 세월에 타일 색상이 퇴락하고 부분적으로 떨어져나간 곳도 있어 문양이

얇은 대리석 판석으로 벽체를 장식한 테라스 하우스의 홀 넓은 홀에는 산산조각 난 파편을 이리 저리 맞춰보고 있는 테이블이 여러 개 놓여 있었고, 얇게 켠 대리석 판석으로 벽체를 장식하였다. AD 1~3세기에 커다란 대리석 덩어리를 나무판자 켜듯이 썰었다는 사실이 놀랍기만 하다.

흐릿하긴 하지만, 갖가지 기하학적 형태의 그리스·로마 문양을 볼 수 있는 장소이기에 문양에 관심이 있는 사람은 유심히 살펴볼 만한 곳이다. 모자이크 거리는 테라스 하우스 앞까지 이어져 있다. '언덕 비탈의 집(Hillside House)' 이라고도 불리는 이곳은 로마 부

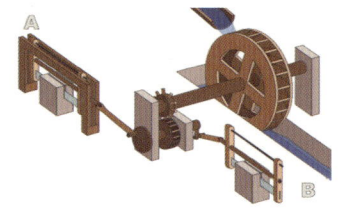

로마인이 고안한 연성 톱(gang saw) (출처: 위키피디아) 커다란 대리석 덩어리를 1-2cm 두께로 얇게 켜기 위해 로마인은 물레방아에 톱니바퀴와 피스톤을 달아 쇠톱을 왕복 운동시킬 수 있는 연성 톱을 발명했다.

자들이 살던 거주지이며 지금도 발굴과 복원이 계속 진행되고 있어 이 지역을 통째로 지붕을 씌워 놨다. '집터에 뭐 볼게 있나?' 싶어 잠시 망설이다가 이곳 매표소에서 15리라를 내고 들어가 봤다. 아까 남문 매표소에서 직원이 "통합 티켓으로 구입할 거냐?"고 물었을 때 무슨 뜻인지 몰라서 "노!"라고 답했는데 이제야 그게 무슨 뜻인지 알게 되어 제값 주고 들어가자니 속이 좀 쓰

렸다. 안으로 들어가니 돌기둥이 세워져 있는 넓은 홀에는 산산조각이 난 파편을 이리 저리 맞춰보고 있는 테이블이 여러 개 놓여 있었다. 또 다른 홀에는 돌로 쌓아 만든 벽체에 얇은 대리석 판석이 부분적으로 덮여 있는 것이 보였다. 내 앞에는 단체 관광객을 이끄는 현지 가이드가 일행을 세워두고 이곳 대리석 판석에 대해 한참 동안 설명을 하고 있었으나 내가 보기엔 별거 아닌 듯해서 잠시 둘러보고 사진만 찍고 지나쳤다. 그런데 고대 로마 시대에 커다란 대리석 덩어리를 1~2cm 두께로 얇게 켜는 것 자체가 엄청난 신기술이었다. 커다란 대리석 덩어리를 얇은 두께로 썰기 위해 로마인은 물레방아에 톱니바퀴와 피스톤을 달아 쇠톱을 왕복 운동시킬 수 있는 '연성 톱(gang saw)'을 발명했다. 18세기 후반 산업혁명 때나 볼 수 있음직한 톱니와 피스톤을 사용해서 원운동을 직선운동으로 바꾸는 기계장치를 고안한 로마인들의 엔지니어링 수준은 정말 대단했다는 생각이 든다.

　이곳에 들른 관광객이 만약 건축학을 전공했다면 얇은 대리석으로 치장한 벽채와 코린트식 원기둥이 아치를 떠받치고 있는 빌라의 아름다움에 감탄할 수 있겠고, 동양화에 관심이 있는 사람이라면 벽채를 장식한 수려한 수묵산수화풍의 프레스코에 마음이 끌릴 수도 있겠지만, 필자가 생각하기에 이곳 테라스 하우스를 대표하는 유물은 단연코 로마인이 창안한 모자이크 그림과 문양이다.

　이 책 뒷부분에 따로 이야기를 하였지만, 나는 이번 터키 여행을 통해서 에페소스 모자이크 문양 가운데 하나인 '십자형 꽃잎 사방연속무늬'가 다름 아닌 고려청자 투각칠보무늬뚜껑 향로의 뚜껑에 투각된 '칠보무늬'의 고향임을 밝혀내었다. AD 1~3세기 로마의 기하학적 문양이 시공간을 훌쩍 뛰어넘어 12세기 고려청자에 등장했다는 것은 정말 상상하기 어려운 놀라운 일이다. 그래서 고려청자의 문양에 관심이 있다면 반드시 에페소스의 테라스 하우스에 들러 십자형 꽃잎 사방연속무늬가 장식된 아프로디테와 포세이돈, 디오

디오니소스와 메두사 모자이크(자료 사진) 테라스 하우스를 대표하는 유물은 로마인이 창안한 모자이크 그림이다. 에페소스의 '십자형 꽃무늬'는 고려청자 칠보무늬의 원형으로 판단된다.

(왼쪽) 메두사 모자이크, (오른쪽) 고려청자 투각칠보무늬뚜껑 향로 (자료 사진)

니소스와 메두사 모자이크 그림을 보아야 한다.

이곳에서 볼 수 있는 또 다른 모자이크로 현대인들이 '생명의 꽃(Flower of life)'이라 부르는 문양은 동그란 원 19개를 일정 간격으로 겹쳐서 만든 문양으로, 메소포타미아 지역의 정복 왕국이었던 아시리아(BC 2500~612)에서 널

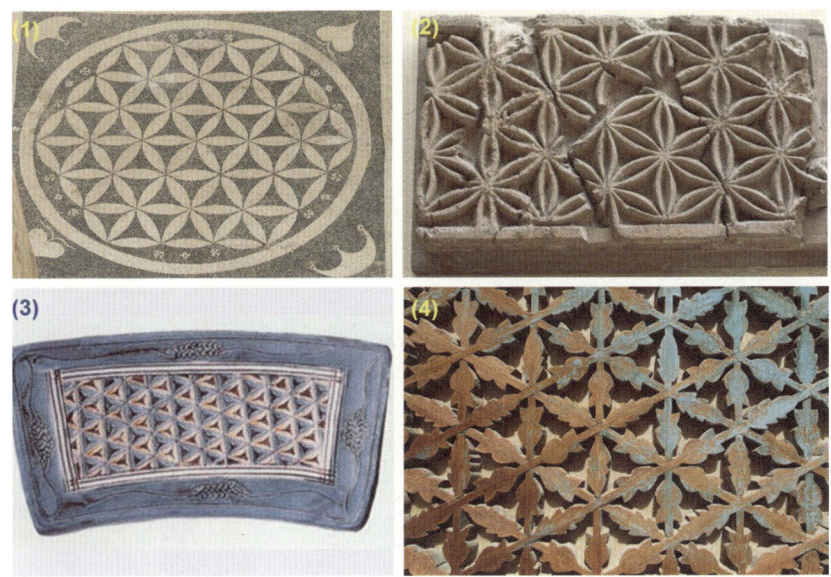

'생명의 꽃' 문양(자료 사진) 생명의 꽃은 만(卍) 자 문양처럼 세계 여러 나라에서 발견되고 있다. (1) 모자이크 (로마, 에페소스), (2) 벽면 점토장식 (아시리아), (3) 청자베개 (중국 송나라), (4) 불국사 대웅전 문창살 (경주)

리 사용되었다. 그런데 놀랍게도 이 문양은 중국 송(AD 960~1279)의 청자베개, 명(AD 1368~1644)의 사자 상, 그리고 불국사 대웅전 문창살에서도 관찰된다. 사실 이 생명의 꽃은 만(卍) 자 문양처럼 세계 여러 나라에서 발견되고 있다. 아시리아-인도-중국-한국에서 관찰되는 생명의 꽃이 실크로드를 통한 문명 교류의 결과일까? 그렇게 단순히 말하고 넘어가기엔 시공간의 차이가 너무 크기에 그 전달 과정을 밝혀내는 연구가 필요할 것으로 생각된다.

이렇게 테라스 하우스를 구경하고 출구로 빠져나오니 셀수스 도서관이 바로 눈앞에 서 있었다. 나는 갑자기 눈앞에 펼쳐진 아름답고 웅장한 고대 도서관의 파사드에 홀려 바로 이 근처에 있는 로마의 공중화장실과 유곽을 구경한다는 것을 그만 잊어버리고 말았다. 셀수스 도서관은 아시아 지역의 통치자이자 원로원 의원이었던 셀수스를 기리기 위해 그의 아들이 지은 건물

셀수스 도서관

셀수스 도서관의 파사드 셀수스 도서관은 아시아 지역의 통치자이자 원로원의 의원이었던 셀수스를 기리기 위해 그의 아들이 지은 건물로 AD 135년에 완공되었다. 사도바울이 이곳을 방문했을 때에는 이 도서관이 없었다.

로 완공 시기는 AD 135년이었다. 나무 발코니로 나뉜 두개 층의 벽감에는 두루마리로 된 양피지 필사본이 최대 12,000개 소장되어 있었다고 하며 소장본 규모로는 알렉산드리아, 페르가몬에 이은 세 번째라고 한다. 에페소스는 사도 바울이 AD 53년부터 이곳에서 2년간 전도 활동을 하며 강론을 펼친 곳으로도 유명하며 그가 방문했을 때는 셀수스 도서관이 건축되기 이전이었다. AD 262년 이 지역을 강타한 엄청난 위력의 지진으로 인해 불이 나는 바람에 도서관 내부와 모든 책이 불에 탔고 오직 건물의 정면만 살아 남았는데 이것조차 10~11세기에 발생한 지진에 의해 완전히 파괴되었다. 도서관 건물 정면이 복구된 것은 1970~1978년에 독일인 고고학자가 이끈 재건 캠페인 덕분이었다. 이 도서관에는 세 개의 출입문이 있고, 각각의 출입문 옆에는 지혜(Sophia), 덕행(Arete), 사고(Ennoia), 지식(Episteme)을 상징하는 정결한 여성상을 세워두었으나 1903~1904년 이곳을 발굴한 오스트리아 고고학자들에 의해 반출되어 오스트리아 비엔나 박물관에 가야 진품을 볼 수 있으며 이곳의 석상은 복제품이다.[2]

셀수스 도서관의 내부 도서관 내부는 그리 넓지 않았지만 나무 발코니로 나뉜 2층 구조의 벽감에는 두루마리로 된 양피지 필사본이 최대 12,000개 소장되어 있었다고 하며, 소장본 규모로는 알렉산드리아, 페르가몬에 이은 세 번째라고 한다.

2 위키피디아에서 인용하였다.

셀수스 도서관 정면 돌출부의 천정 문양 천정에는 마치 무궁화처럼 보이는 꽃잎이 5개인 꽃문양이 아름답게 장식되어 있어 실크로드의 동쪽 끝, 꼬레아에서 온 우리 부부를 반기는 듯하였다.

마제우스와 미트리다테스의 문 셀수스 도서관 옆에 있던 상업 아고라의 출입문이다.

  건물 정면의 코린트식 대리석 돌기둥은 매우 웅장하고 색상이 아름다웠으며, 건물 꼭대기에 있는 삼각형 모양의 박공에는 메두사 얼굴이 장식되어 있었다. 그리스·로마 시대에 메두사는 우리나라 도깨비처럼 귀신을 쫓는 벽사와 액막이 역할을 하였으며 주요 건물이나 석관을 장식하는 데 사용됐다. 도

(위로부터 아래로) **상업 아고라, 아고라를 통해 대극장으로 가는 길** 로마 시대의 아고라는 미음 자(ㅁ) 터에 가운데는 광장처럼 비우고, 사면을 빙 둘러 2열의 돌기둥을 세운 다음 이 위에 붉은색 기와지붕을 얹은 형태이다. 지금은 2열 돌기둥 일부만이 남아 있다.

서관 내부는 그리 넓지 않았다. 도서관 안에서 잠시 머물다 다시 건물 밖으로 나와 거대한 돌기둥이 떠받치고 있는 테라스 천정을 올려다봤다. 천정에는 마치 무궁화처럼 보이는 꽃잎이 5개인 꽃문양이 아름답게 장식되어 있어 실크로드의 동쪽 끝, 꼬레아에서 온 우리 부부를 반기는 듯하였다.

에페소스 대극장 에페소스를 방문하는 관광객이라면 누구라도 마치 고대 로마세계로 들어온 듯 로마인의 감흥을 느끼는 것 같다. 몇몇 관광객은 대극장 무대 중앙에 서서 노래를 불렀고 어떤 분은 로마 원로원의 의원이라도 된 듯 큰 소리로 웅변을 하였는데 관람석에서 구경하던 관광객은 모두 로마인이 되어 힘차게 박수를 쳐주었다.

    도서관 건물에 바싹 붙어 있는 마제우스와 미트리다테스의 문을 통과하여 대리석 기둥이 군데군데 서있는 상업 아고라 지역을 지나 대극장으로 향하였다. 나무판자가 깔린 길을 따라 대극장으로 걸어가는 동안 도서관 주변에 있던 그 많은 관광객이 안 보여 이상하다고 생각했는데 이 의문은 대극장 입구에서 풀렸다. 대부분의 관광객은 마제우스와 미트리다테스 문의 오른쪽 둔덕에 있는 대리석 거리를 통해서 걸어오는 것이었다. 나도 만약 대리석 길을 따라서 왔다면 길 초입에 있는 그 유명한 유곽을 놓치지는 않았을 것이다. 그런데 안타깝게도 나는 에페소스 관광을 모두 마치고 호텔로 돌아갈 때까지 공

(위) 항구대로
(아래) 로마시대 석관

  중화장실과 유곽 구경을 하지 못했다는 것을 전혀 눈치 채지 못했다. 이걸 보자고 다시 갈 수는 없는 노릇이고 지금 생각해도 무척 아쉽기만 하다.

  에페소스를 방문하는 관광객이라면 누구라도 마치 고대 로마세계로 들어온 듯 로마인의 감흥을 느끼는 것 같다. 몇몇 관광객은 대극장 무대 중앙에 서서 노래를 불렀고 어떤 분은 로마 원로원의 의원이라도 된 듯 큰소리로 웅변을 하였는데 관람석에서 구경하던 관광객은 모두 로마인이 되어 힘차게 박수를 쳐주었다. 대극장 앞에는 옛 항구까지 이어진 항구대로(아르카디안 거리)가 있다. 이 항구 덕분에 에페소스가 지중해 무역도시로 크게 성장할 수

마리아 교회 기독교 성지순례 답사지이다. 5세기 초에 지어진 교회로 초기 기독교 역사에서 중요한 두 번의 공의회가 이곳에서 개최되었기에 공의회 교회(Church of the Councils)라고도 불린다.

있었다. 그러나 불행히도 7세기 무렵 강에서 유입되는 토사가 지중해 바다를 메우면서 항구도시의 기능을 잃게 되자 도시는 급속도로 쇠락하기 시작했고, 엎친 데 덮친 격으로 전염병까지 돌아 현재의 셀축인 아야술룩 언덕으로 도시를 통째로 옮길 수밖에 없었다. 현재 해안선은 로마 시대 때보다 이곳에서 3~4km 더 멀리 떨어져 있다.

출입구인 북문으로 나가는 길옆에 마리아 교회로 가는 오솔길이 나 있었고, 갈림목에는 여러 기의 석관이 무리 지어 놓여 있었다. 그런데 안탈리아 박물관 뒤뜰에서 보았던 석관처럼 AD 2세기경 로마 전성기 때 제작된 석관의 풍요의 뿔은 그 조각이 섬세하고 화려한 데 반해서 이곳에 있는 석관의 풍요의 뿔은 매우 단순하게 묘사되어 그 형태만을 간신히 유지하고 있었다. 이상적인 미를 추구했던 고대 로마 미술의 기준에 비춰보면 그 조형 수준이 매우 낮기에 아마도 이곳의 석관은 그리스·로마 석관 양식이 퇴조하는 거의 말기 때 제작된 것이 아닌가 싶다. 풍요의 여신 아르테미스를 숭배하던 이 도시

에페소스 북문으로 나가는 길 북문으로 나가는 길옆엔 소나무가 줄지어 있어 우리나라 산사 입구 같은 분위기였다.

에 마리아 교회가 세워졌듯이, 아마도 여기에 묻힌 에페소스 사람들은 이제 더 이상 풍요의 신 하데스가 지배하는 지하세계로 내려가기 보다는 하나님이 계신 천국으로 올라가길 바랐을지도 모르겠다. 헤라클레이토스는 말했다. '만물은 변화하며 정지하는 것은 없다.(All is flux, nothing stays still.)'

  마리아 교회는 돌기둥 몇 개, 크게 부서진 담벼락 일부와 성수를 담아놓았음 직한 원형의 석조만이 남아 있는 매우 황폐한 폐사지라서 성지 순례자가 아니라면 크게 볼 것은 없었다. 주마간산으로 에페소스를 구경한 지 어느덧 세 시간이 흘러 호텔 차량이 기다리고 있을 북문으로 서둘러 나가야 했다. 북문으로 나가는 길옆엔 소나무가 줄지어 있어 마치 우리나라 산사 입구 같은 분위기였다. 나는 승합차 탑승을 포기하고 왔던 길을 다시 천천히 거슬러 올라가고 싶었지만, 여기서 멀지 않은 산등성이에 있는 성처녀 마리아의 집과 숙소 근처에 있는 성 요한 교회와 아르테미스 신전 답사도 있고 해서 떨어지지 않는 발걸음을 재촉해야만 했다.

신앙의 성지, 셀축

성처녀 마리아의 집 / 성 요한 교회 / 아르테미스 신전

    9월 13일 일요일 오전에 에페소스 고대도시를 세 시간 정도 구경하고, 이곳에서 그리 멀지 않은 산꼭대기 부근에 있는 성처녀 마리아의 집(House of the Virgin Mary)에 다녀오기로 했다. 에페소스 또는 셀축 오토가르에서 이곳으로 가는 대중교통 수단이 없었기에 택시나 승용차를 대절해서 가야 했다. 에페소스의 출구였던 북문 주차장에서 어느 택시기사에게 이곳을 구경하고 셀축의 호텔까지 데려다주는데 얼마냐고 물어보니 80리라를 달라고 했다. 비용이 조금 비싸게 느껴져서 숙소에 부탁하여 60리라를 수고 개인 승합차로 다녀왔다. 그런데 우리나라도 마찬가지지만 개인 승용차로 영업을 하는 것은 법적으로 금지되어 있는 것 같아서 경비절약을 위해 승합차를 타긴 했지만 살짝 마음이 편치 않았다. 성처녀 마리아의 집은 높이 420m인 코레쏘스 산의 거의 꼭대기 지점에 있고 셀축 도심에서 8km 떨어져 있다. 입장료는 15리라였던 것 같다.

    한국 천주교와 기독교 신자의 성지순례지인 성처녀 마리아의 집 입구에는 한글 안내문이 세워져 있었는데 이 유적에 대한 설명은 다음과 같았다.

    "예수의 12제자 가운데 한 명인 요한은 예수 사후 기독교에 대한 박해가 심해지자 예수의 어머니인 성처녀 마리아를 모시고 멀리 에페소스의 코레쏘스

산으로 도피했다. 성처녀 마리아는 이 산에서 4~5년간 말년을 보내다가 세상을 떠난 것으로 전해진다. 세월이 지나 집의 장소는 잊히고 폐허가 되었다. 1878년 캐더린 에메리히라는 독일인 수녀가 꿈속에서 계시 받은 내용을 『성처녀 마리아의 생애』라는 책으로 펴냈는데 이 책 속에 집 위치가 기록되어 있었다. 이 책을 읽은 나자렛 신부가 1891년 탐사반을 조직하여 오늘날의 성처녀 마리아의 집을 발견하게 되었는데 집터 모양은 캐더린 수녀가 계시 받아 기록한 모

성처녀 마리아의 집터에 세운 교회

습과 정확히 일치하였다고 한다. 집터로 생각되는 이곳엔 아담한 교회가 세워졌고 1961년 교황 요한 23세는 성처녀 마리아의 집 위치에 대한 분쟁을 종식시키고 이곳을 성지로 공식 선포했다."

커다란 나무 아래 돌로 만든 교회는 소박하였고 자그마한 성모 마리아 상을 안치한 내부는 사진촬영을 할 수 없었다. 성소 구경을 마치고 나온 방문객은 출구 앞에서 촛불을 구입하여 촛불 켜는 제단에서 불을 붙이고 그 앞에

성처녀 마리아 교회의 성수

서 소원을 빌거나 여기서 한 단 아래 위치한 샘물로 내려가 성수를 한 모금 마시고 그 옆 벽면에다 가족의 건강이나 병 낫기를 바라는 기원문을 적은 냅킨 조각을 매달기도 하였다. 소원을 적은 냅킨 조각을 매다는 서양의 여행객을 보니 동양이나 서양이나 사람의 마음은 똑같구나 하는 생각이 들었다. 싱처녀 마리아의 집 구경을 마치고 숙소로 돌아와 잠시 쉰 다음 숙소 코앞에 있는 성 요한 교회와 이곳에서 가까운 거리에 있는 아르테미스 신전을 구경했다.

성 요한 교회는 셀축 시내가 내려다보이는 나지막한 아야술룩 언덕의 중간쯤에 있다. 로마 시대에는 이 언덕을 네크로폴리스(공동묘지)로 사용하였으나 비잔티움 시대에는 언덕 위에 성채를 세웠다. 13세기에 튀르크인들이 이곳에 와서 정착하면서 성벽을 수리하고 아크로폴리스에 새로운 도시를 만들었는데 성벽은 많은 탑으로 둘러싸여 요새화 되었고 동쪽과 서쪽에 두 개의 문을 세웠다. 셀주크 튀르크인들은 이 언덕을 '아야술룩'이라고 불렀다. 성채의 남쪽 경사면에 위치한 성 요한 교회는 비잔티움 시대의 걸작 중의 하

성처녀 마리아 교회의 소원의 벽 냅킨 조각에 가족의 건강이나 병 낫기를 바라는 소원을 적어 석축 벽에 매단다.

나이다. 역사가인 에우세비오스에 따르면, 죽음을 앞둔 예수 그리스도는 사도 요한에게 어머니인 마리아를 부탁하였고, 제자들이 예루살렘에서 쫓겨나던 37~42년 무렵, 그는 마리아와 함께 에페소스로 와서 그리스도의 마지막 유언이 담긴 복음서인 요한복음을 썼다고 한다. "예수의 십자가 밑에는 그 어머니와 이모와 글레오파의 아내 마리아와 막달라 여자 마리아가 서 있었다. 예수께서는 당신의 어머니와 그 곁에 서 있는 사랑하시는 제자들을 보시고 먼저 어머니에게, '어머니, 이 사람이 어머니의 아들입니다.' 하시고, 그 제자에게는 '이 분이 네 어머니시다'라고 말씀하셨다. 이때부터 그 제자는 마리아를 자기 집에 모셨다." 예수의 죽음과 관련된 이 기록은 신약의 4복음서 가운데 오직 요한복음에만 나온다.[3] 4복음서는 로마 군대에 의해 예루살렘 성전이 파괴된 AD 70년 무렵부터 마가, 마태, 누가, 요한복음 순으로 쓰였

---

[3] 예수의 유언을 적은 요한복음의 구절은 이윤기 저, 『길 위에서 듣는 그리스·로마신화』(작가정신, 2002년)에서 인용하였고, 아야술룩과 성 요한 교회의 건립과 관련된 내용은 셀축에서 구입한 '에페스 안내서'에서 일부 인용하였다.

성 요한 교회 입구 AD 7세기에 아랍인들이 이 지역을 침입했을 때, 교회를 보호하기 위하여 성벽을 쌓아 이 언덕 뒤의 아야술룩 성채와 연결시켜 마치 성벽 안쪽의 요새처럼 보이도록 했다. 매표소가 있는 이 교회 입구가 마치 성채처럼 보인 이유는 바로 이 때문인 듯하다.

는데, 요한복음은 AD 100년경에 쓰인 것으로 추정되고 있다. 첫 복음서인 마가복음이 초기 전도 대상이었던 유대인을 대상으로 예수 그리스도의 복음을 전하기 위해 쓴 것이라면, 요한복음은 이 무렵 주된 전도 대상이었던 이방인에게 예수 그리스도의 사랑, 은혜, 진리를 전하기 위해 쓴 것으로 기독교의 보편적 사상을 담고 있다. 사도 요한이 죽은 뒤, 그는 아야술룩 언덕에 묻혔고 그 무덤 위에 작은 교회를 만들었는데 6세기에 비잔티움 제국의 유스티니아누스 황제와 그의 부인 테오도라가 거대한 교회를 다시 세웠다. 유스티니아누스 황제는 콘스탄티노플에 하기아 소피아 성전을 세운 바로 그 황제이다.

 성 요한 교회 입장료는 10리라였다. AD 7세기에 아랍인들이 이 지역을 침입했을 때, 교회를 보호하기 위하여 성벽을 쌓아 이 언덕 뒤의 아야술룩 성채와 연결시켜 마치 성벽 안쪽의 요새처럼 보이도록 했다. 매표소가 있는 이 교회 입구가 마치 성채처럼 보인 이유는 바로 이 때문인 듯하다. 교회(바실리

사도 요한 무덤 주변을 장식한 '십자형 꽃무늬' 모자이크 문양 (자료사진)

사도 요한의 무덤(자료 사진) 정말 놀랍게도 여기에도 고려청자를 장식한 '십자형 꽃무늬'가 있음을 볼 수 있다. 우리가 '칠보무늬'라고 부르는 십자형 꽃무늬는 로마 제국뿐만 아니라 비잔티움 제국에서도 장식문양으로 널리 사용되었음을 알 수 있다. 고려청자의 칠보무늬는 동서 문명교류의 산물이다.

카)는 십자가 형태로 지어졌다. 천정에 6개의 돔이 있는데 중앙 돔 바로 아래에 사도 요한의 무덤이 있다. 중앙에 위치한 사도 요한의 무덤이 있던 방은 두 개의 계단으로 지면보다 높게 위치하였으며 작은 돔을 지지하고 있는 4개의 나선형 기둥이 남아 있다.

이곳은 기독교인의 중요 성지이지만 필자와 같이 전통문양에 관심이 있는 사람이라면 사도 요한의 무덤이 설치된 대리석 단을 장식한 모자이크 문양을 놓치지 말고 보아야 한다. 오랜 세월에 모자이크는 대부분 떨어져 나가 없어지고 단상의 귀퉁이에 일부 문양이 남아 있는데, 정말 놀랍게도 여기에도 고려청자를 장식한 '십자형 꽃무늬'가 있음을 볼 수 있다. 우리가 '칠보무늬'라고 부르는 십자형 꽃무늬는 로마 제국뿐만 아니라 비잔티움 제국에서도 장식문양으로 널리 사용되었음을 알 수 있다. 고려청자의 칠보무늬는 다름 아닌 동서 문명교류의 산물이었던 것이다.

성 요한 교회 구경이 거의 끝나갈 무렵까지 아르테미스 신전의 위치를 파악하지 못해 조금 막막한 기분이었다. 그런데 교회를 나올 무렵, 전망 좋은 곳이 있어 앞에 펼쳐진 풍경을 무심코 바라다보던 중에 우연히 아르테미스 신전의 폐사지 위치를 확인할 수 있었다. 오전에 다녀온 에페소스 고대도시가 있는 산자락과 성 요한 교회 바로 앞에 있는 이사베이 자미 중간 지점에 나무가 우거진 곳이 있었는데 이곳을 무심코 바라다보던 중에 갑자기 성냥개비같이 뾰족하게 솟은 신전 기둥이 내 눈에 확 띄는 것이었다. 아르테미스 여신의 도움이었을까? 덕분에 위치를 찾느라 헤매지 않고 신전 터로 발길을 옮길 수 있었다. 성 요한 교회 앞에 있는 이사베이 자미 앞을 지나 아르테미스 신전으로 천천히 발길을 옮기는데 10~15분 정도 걸렸다. 폐사지로 가는 길목에는 우리나라 여말선초 무렵에 만든 중세 터키의 목욕시설 하맘 유적이 있었다. 유적 주위를 빙 돌아 철조망이 둘러쳐져 있었는데 관리

는 거의 안 하는시 하맘 주변엔 잡초만 무성했다. 지금부터 약 600~700년 전 유물을 이렇게 방치하다시피 할 정도로 셀축에는 세계 문화유산이 널려 있었다.

관광객이 거의 다니질 않아 입구부터 으슥한 아르테미스 신전 폐사지는 정말 볼 것이 없었다. 신전 터엔 높다란 돌기둥 하나만 세워져 있었고, 지금이 건조기라서 땅이 대부분 마르기는 했지만 높이 솟은 돌기둥 주변에는 물이 고인 곳도 있었다. 그야말로 볼품없고 쓸쓸한 황성 옛터였다. 신전 앞에 설치된 유적 설명문을 읽어 보니, 이 신전 기둥은 1973년에 터키 정부가 주변에 굴러다니는 맷돌을 쌓아서 세워 놓은 것이라 적혀 있었다. 그나마 이렇게라도 신전 기둥을 세워놓지 않았다면, 이곳은 정말로 황량하기 짝이 없는 폐

성 요한교회에서 바라본 모습 숲이 우거진 왼쪽(동그라미 친 부분)에 아르테미스 신전의 돌기둥 하나가 성냥개비처럼 뾰족하게 서 있는 모습이 보인다.

사지였을 것이다.

원래 아르테미스 신전은 고대 세계의 7대 불가사의라 할 정도로 어마어마한 크기였다. 가로 55m, 세로 115m의 신전 면적은 아테네 파르테논 신전의 4배였고, 직경 1.2m, 높이 19m에 달하는 기둥 127개로 신전 주위를 빙 둘렀다고 한다. 일설에 의하면, 기독교 공인 이후 6세기 무렵, 유스티니아누스 비잔틴 황제가 파괴된 이스탄불의 하기아 소피아 성당을 다시 지을 때 이곳에서 일부 돌기둥을 옮겨 재활용했다고도 하고, 같은 시기에 건설된 하기아 소피아 성당 맞은편에 있는 지하 저수조를 지을 때도 이곳의 돌기둥을 옮겨 재활용했다고도 한다. 이것은 신화 시대의 종말과 함께 유일신앙의 시대가 도래했음을 증언하는 이야기일 것이다. 이렇게 에페소스의 고대 유적과 기독교 성지 답사를 모두 마쳤다. 내일 월요일 아침에는 셀축을 출발하여 이즈미르 공항에서 국내선 비행기로 갈아타고 첫 도착지였던 이스탄불로 가야 한다.

다음날 아침 9시에 셀축 오토가르에서 15인승 승합차를 타고 이즈미르 공항으로 갔는데 염려했던 상황이 벌어졌다. 승합차가 공항으로 바로 가는 것이 아니라 마을버스처럼 이즈미르의 이곳저곳을 들러서 가는 것이었다. 세 시간 여유를 갖고 셀축 오토가르를 출발했는데 길거리에서 시간 다 보내고 비행기 탑승 시간이 겨우 1시간 40분 정도밖에 남질 않아 나는 초조해지기 시작했다. 나를 더 당황스럽게 한 것은 운전기사가 이즈미르 시의 종착지로 보이는 어느 정거장에 아예 차를 세운 것이었다. 현지인 승객은 모두 내리고 우리 부부만 달랑 남은 차 안에서 운전기사는 승객으로부터 받은 차비를 세면서 20분을 죽치고 있었다. '이 차에서 내려 택시를 잡아타고 가야 하나?' 하고 머릿속이 복잡해지던 차에 승합차가 드디어 출발하였다. 차는 어느 사거리에서 이즈미르 공항 방향으로 우회전하여 고속도로를 타고 달리기 시작

아르테미스 신전 이 신전 기둥은 1973년에 터키 정부가 주변에 굴러다니는 맷돌을 쌓아서 세워 놓은 것이라 적혀 있었다.

했다. 한참을 달리던 운전기사는 공항 건물이 코앞에 보이는 도로변에 차를 세우더니 도로 옆 허름한 노천 주차장에 주차해 있는 택시를 가리키면서 저 걸로 갈아타고 공항으로 가라고 말하였다. 어느 블로그 여행기에서 읽었던 황당한 상황이 나한테도 벌어졌지만 그 이유를 물어볼 계재가 아니라서 서둘러 승합차에서 내리고 맨 앞줄의 택시로 다가가 기사에게 차비를 물어보니 정액제로 10리라였다. 도대체 왜 이렇게 불편한 교통연계 시스템을 적용하고 있는지 도무지 납득이 되질 않았다. 택시가 코앞에 있는 공항 건물 단지로 들어설 때, 스치듯 읽은 안내판에는 택시 이외에 영업용 승합차는 공항 출입을 금지한다고 적혀 있었던 것 같았다. 그제야 이 불편한 교통 시스템이 어렴풋이 이해되었다. 짐작하건데 터키는 관광이 주된 수입원이라서 관광객이 소비하는 돈이 택시 기사에게도 돌아갈 수 있도록 이즈미르 시정부에서 취한 조치인 듯했다.

출발시간 1시간 전에 공항에 도착했지만 다행히 국내선이라 비행기 탑승시간을 맞추는데 문제가 없었다. 더욱이 이스탄불행 페가수스 항공사 비행기도 출발이 1시간 넘게 지연되면서 탑승 게이트도 중간에 변경되어 우리는 변경된 탑승 게이트 앞에서 한동안 기다리다 비행기에 몸을 실었다. 이즈미르에서 이스탄불로 가는 동안 하늘에는 구름이 짙게 끼어 있었다.

잘 있어라, 이스탄불이여

코라 수도원 / 테오도시우스 성벽 / 보스포루스 해협 / 이스탄불 국립고고학 박물관

9월 14일 월요일, 터키 여행의 출발지였던 이스탄불에 보름 만에 도착하니 날씨가 초가을 날씨로 변해 있었다. 한낮의 햇살은 여전히 따가웠지만 아침과 저녁에는 제법 서늘한 기운이 느껴졌다. 이스탄불 도착 첫날에 묵었던 호텔에 짐을 풀고 비잔티움 시대 모자이크와 채색 성화로 유명한 코라 수도원과 근처에 있는 테오도시우스 성벽을 구경하기로 했다. 공식 명칭이 카리예 박물관인 코라 수도원은 갈라타 다리 앞 에미뇌뉘(Eminönü) 역 근처에서 출발하는 시내버스를 다고 가야 했다. 에미뇌뉘 버스 정류장은 갈라타 나리 건너편에 있기에 다리 밑을 통과해서 가야 했는데 이것을 몰라서 다리 주변에서 10분가량 이리저리 헤맸다. 마치 버스 차고지처럼 보이는 이곳의 매표소에서 이스탄불에 도착했을 때 구입했던 카르트에 한 사람당 10리라씩 충전하였다. 어느 정거장에서 내려야 할지 몰라 버스에 탑승한 몇 명의 터키인에게 물어봤지만 카리예 무제시를 아는 사람은 없었다. 짐작하건데 이 박물관은 현지 터키인들에게는 잘 알려지지 않는 장소 같았다. 난처한 상황에서 어느 분이 여기서 내리라고 알려줘 내렸더니 박물관에 훨씬 못 미친 '파티흐 자미' 앞 정거장이었다. 막막한 가운데 문득 구글 지도가 생각나 스마트 폰의 구글 지도를 켜고 영어로 'kariye museum'을 입력하니 건물 위치와 나의 현

에미뇌뉘 버스 터미널 갈라타 다리 남쪽의 랜드마크 건물인 예니 자미가 보인다.

재 위치가 표시되었는데, 이곳에서 대략 20~30분 걸어가면 도착할 수 있을 것 같았다. 또 다시 스마트 폰은 신통방통한 아라비안나이트의 지니와 같다는 생각이 들었다. 걸어서 카리예 박물관 근처에 당도하니 '아즈 제쉬메(Acı Çeşme)'라고 쓰인 시내버스 정거장이 있었다. 버스 정거장 뒤쪽은 지대가 매우 낮았는데, 이곳엔 '베파 스타듀무(Vefa Stadyumu)'로 불리는 축구장과 축구클럽 건물이 있었다. 그리고 출발지였던 에미뇌뉘 정거장에서 이곳 아즈 제쉬메 정거장을 지나는 버스 편은 상당히 많은 듯했다.

구글 지도가 가리키는 대로 언덕 아랫길로 내려가니 카리에 무제시 방향을 가리키는 이정표가 보였고 이정표가 가리키는 왼쪽 방향으로 꺾어 들어가니 수도원 건물이 보이기 시작했다. 터키어 '카리예(Kariye)'는 '코라(Chora)'와 같은 뜻으로 '시골'이라는 뜻이다. 수도원의 원래 이름이 '시골에 있는 성 구세주 수도원(Monastery of St. Saviour in Chora)'이었는데 사람들은 이를

베파 스타뒤무(축구장) 코라 수도원으로 가려면 에미뇌뉴 버스 터미널에서 버스를 타고 이곳 정거장(아즈 제쉬메)에서 하차하면 된다.

줄여 '시골 교회(Chora church)'라고 불렀다. 이렇게 불리게 된 것은 5세기에 건축된 이 교회가 당시 도시를 에워싼 콘스탄티노플 성벽 밖, 즉 도시 밖의 시골에 위치해 있었기 때문이었다. 413~414년에 테오도시우스 2세가 크게 확장된 도시를 방어하기 위해 성벽을 새로 세우면서 교회는 성벽 안쪽으로 들어오게 됐지만, 시골 교회라는 이름은 그대로 유지되었다. 이곳으로 오는 도중에 헤매면서 걸어오느라 50분가량 지체하여 오후 5시쯤에 도착했는데 다행히 관람시간이 오후 6시까지여서 헛걸음하지 않고 구경할 수 있었다. 박물관 입장료는 15리라였다. 최근에 보수 공사를 시작했는지 수도원 건물 전체를 임시지붕으로 덮어씌워 놓은 바람에 하기아 소피아 성당과 비슷하게 생긴 돔 양식의 아름다운 교회 외관은 볼 수 없었다.

 이 교회는 12세기에 발생한 지진으로 인해 부분적으로 파손되었고, 13세기 초 일어난 제4차 십자군 전쟁 때는 십자군의 약탈로 인해 크게 파괴되었

보수공사 중인 코라 수도원 수도원 건물 전체를 임시지붕으로 덮어씌워 놓은 바람에 하기아 소피아 성당과 비슷하게 생긴 돔 양식의 아름다운 교회 외관은 볼 수 없었다.

다. 파손된 교회를 14세기에 복구하였는데 현재 우리가 보고 있는 교회 모습은 이때 완성된 것이다. 당시 비잔티움 황제 안드로니쿠스 2세는 유력한 정치가이자 예술가이며 재력가였던 테오도르 메토키데스에게 교회 복원을 지시했다. 그는 건물 복원과 함께 외랑, 내랑, 부속 예배당의 천정과 벽을 모자이크와 프레스코로 가득 채울 수 있도록 재정적 후원을 하였다. 1458년 오스만 제국에 의해 비잔티움 제국이 멸망하고, 1511년에 모스크로 바뀌었을 때 우상숭배를 금지하는 이슬람 교리에 의해서 이곳의 성화는 나무판자와 회칠로 가려졌다. 제2차 세계대전 후인 1948~1958년에 미국 비잔티움 학회가 후원하는 복원 프로그램에 의해 회칠을 벗겨내었고, 1958년 터키 정부에 의해 박물관으로 공개되어 오늘에 이르렀다.[4]

카리예 박물관은 외랑-내랑-본당 그리고 본당에 덧붙인 부속 예배당인

[4] 위키피디아에서 발췌 인용하였다.

코라 수도원 (왼쪽) 외랑의 예수 그리스도 모자이크. 위쪽에 예수의 공생애를 그린 가나의 결혼식과 오병이어 기적을 나타낸 그림이 있다. (오른쪽) 내랑의 디시스. 예수 그리스도에게 인간의 구원을 간청하는 성모 마리아가 왼쪽에 있다.

피레클레시온으로 구성되어 있으며, 건물은 하기아 소피아 성당보다는 작은 규모지만 내부에 보존된 황금빛 모자이크와 장엄한 프레스코 벽화는 비교적 잘 보존되어 있어 후기 비잔티움 예술의 정수를 보여준다. 교회 외랑과 내랑의 천정과 벽을 장식한 모자이크는 수태고지, 성모 마리아와 아기 예수, 예수와 그의 조상, 공생애 장면, 기적을 행하는 모습 등 성경에 나오는 예수의 일생을 묘사하였는데, 성화 주인공 주위를 새끼 손톱만한 황금빛 타일로 장식하여 눈부시게 화려하였다. 본당 출입문 왼쪽에는 천국의 열쇠를 들고 있는 베드로가, 오른쪽에는 성경을 들고 있는 사도 바울이 그려져 있는데, 이 교회의 모든 그림은 비잔티움 시대 기독교 신앙의 도상체계를 충실히 반영하여 그린 것이다. 본당 입구의 좌 베드로·우 바울 그림 바로 오른쪽에는 최

본당 출입문 (왼쪽) 베드로와 (오른쪽) 사도바울 모자이크 이 교회의 모든 그림은 비잔티움 시대 기독교 신앙의 도상 체계를 충실히 반영하여 그린 것이다.

후 심판의 날에 예수님에게 간절한 눈빛으로 인간의 구원을 간청하는 성모 마리아의 모습을 그린 디시스가 있는데 하기아 소피아 성당의 그것과는 달리 세례 요한이 없다.

본당은 복원작업이 진행 중이라 문이 닫혀 있어 들어가지 못했다. 본당에는 성모 마리아의 영면, 마태복음을 들고 있는 예수, 아기 예수를 안고 있는 성모 마리아를 그린 모자이크가 있다고 한다. 본당 옆에 딸린 부속 예배당에는 부활, 최후의 심판, 성모 마리아와 아기 예수, 천사, 6명의 성자, 그리고 사도 등이 행했던 기독교 역사가 장엄하게 그려진 프레스코 벽화로 가득 차 있었다.

나는 성경 내용을 바탕으로 한 기독교 성화에는 크게 관심이 없는데다, 들여다봐도 무슨 내용인지 정확히 몰라 대충 훑어보는 것으로 만족했다. 내가 관심을 갖고 관찰한 것은 비잔티움 시대의 성화 양식이었다. 로마 시대에도

코라 수도원 부속예배당의 부활 예수 그리스도께서 아담과 이브를 관에서 꺼내는 장면

사용되었던 원근법이 사라진 비잔티움 기독교 성화는 매우 장엄하긴 했지만 도식적, 평면적, 권위적이었고 모자이크와 벽화라는 수단을 사용해서 기독교 신앙을 정형화된 그림으로 나타낸 것이었다. 즉, 중세 비잔티움 세국의 기독교 성화는 불교 신앙의 도상체계를 비단이나 종이 위에 붓을 사용하여 그린 고려불화와 본질적으로 차이가 없다는 생각이다. 하지만 나에게는 비잔티움의 디시스 성화보다는 보살의 몸을 감싸고 있는 시스루 의상을 도대체 어떻게 그렸을까 상상이 안 될 정도로 절묘하게 그린 고려의 수월관음도가 훨씬 더 진한 감동으로 다가온다.

관람시간도 다 됐고 성화도 다 봤고 해서 다음 행선지인 테오도시우스 성벽을 찾아 나섰다. 늦은 시각이었는데 다행스럽게도 코라 수도원 바로 위쪽으로 100m쯤 되는 곳에 성벽이 있었다. 그런데 이곳에는 비잔티움 제국 시기에 쌓아올린 성벽은 얼마 남아 있지 않은 듯했고 후대에 개축한 흔적도 보

테오도시우스 성벽

이는 성벽이라서 크게 볼 것은 없었다. 큼지막한 터키 국기가 걸려 있는 성벽 꼭대기에 올라가 보고 싶은 생각도 들었지만 동네가 약간 후미진 곳에 있어 으슥한 느낌이 들어 올라가는 것을 포기하고 왔던 길로 되돌아 나오려는 참에 성벽 앞 자그마한 공터에 심어져 있는 무궁화를 발견하였다. 네댓 그루의 무궁화엔 흰색 또는 분홍색 꽃이 활짝 피어 있었는데 지중해 연안 도시에서 봤던 무궁화를 며칠 만에 다시 만나니 마치 옛 친구를 만난

테오도시우스 성벽 앞 무궁화 지중해 연안도시에서 봤던 무궁화를 며칠 만에 다시 만나니 마치 옛 친구를 만난 듯 무척 반가웠다.

테오도시우스 성벽 골든 혼 방어용 쇠사슬(이스탄불 고고학 박물관)

듯 무척 반가웠다.

  테오도시우스 성벽의 자취를 제대로 감상하려면 톱카프(Topkapı) 역에서 도보로 5분 거리에 있는 성벽을 보는 것이 나을 것 같다. 이쪽 성벽은 이스탄불 아타튀르크 공항에 도착하여 구시가지(옛 비잔티움 수도인 콘스탄티노플)로 가기 위해 제이틴브루누 역에서 트램으로 갈아타고 톱카프 정거장을 지나칠 때 차창 밖으로 홀연히 모습을 드러내는데, 이곳의 성벽에 올라 드넓게 펼쳐진 경치를 바라보는 전망이 매우 좋다고 한다.

  테오도시우스 성벽은 토끼 꼬리처럼 바다를 향해 툭 튀어나온 곳에 건설된 비잔티움 제국의 수도 콘스탄티노플을 외적으로부터 방어하기 위해서 남쪽 마르마라 해부터 북쪽 골든 혼까지 육중한 성벽을 쌓은 것으로 AD 413년에 완성되었다. 해자에 설치된 방책, 외성과 내성으로 이루어진 삼중 성벽은 1453년 5월 29일 오스만 제국에 의해 멸망당할 때까지 1100년간 비잔티움의

보스포루스 해협 디너 쿠르즈 야경 투어 (1) 선상 쇼, (2) 츠라한 궁전 호텔, (3) 루멜리 히사르 성채, (4) 쿨렐리 군사 고등학교

수도 콘스탄티노플을 지켜준 난공불락의 요새였다. 또 현재 갈라타 다리가 놓여 있는 골든 혼은 폭이 좁은 만으로, 만 안쪽에는 비잔티움 함대가 주둔해 있었다. 상대적으로 취약한 골든 혼의 성벽과 만 안쪽의 함선을 보호하기 위해 만 입구에는 바닷속으로 굵은 쇠사슬을 가로질러 놓음으로써 적의 함선이 만 안쪽으로 진입할 수 없도록 했는데 이때 사용했던 쇠사슬이 이스탄불 고고학 박물관에 전시되어 있다.

 테오도시우스 성벽 구경을 마치고 호텔로 돌아와 잠시 쉰 다음, 저녁에는 보스포루스 디너 크루즈 투어를 했다. 유람선은 돌마바흐체 궁전에서 가까운 카바타쉬 선착장에서 9시쯤 출발하였다. 디너 쿠르즈 투어는 유람선에서 제공하는 맛있는 저녁 식사와 함께 마술과 민속춤 공연 등 재미난 쇼를 45분 정도 구경하면서 유럽과 아시아를 잇는 보스포루스 제2대교인 파티 대교까지 갔다가 출발지로 되돌아오는 것이었다. 선상에 올라 더위를 식혀주는 바

이스탄불 국립고고학 박물관의 서아시아 고대문명관 유물 (1) 아시리아 전차(BC 9세기), (2) 후기 히타이트 전차(BC 9세기), (3) 폭풍과 풍요의 신, 타르훈자에게 기도하는 왕(BC 8세기, 후기 히타이트)

닷바람을 맞으면서 여러 가지 색깔의 조명으로 환히 밝혀진 돌마바흐체 궁전, 츠라한 궁전 호텔, 보스포루스 제1대교, 루멜리 히사르 성채 등을 보는 것은 매우 환상적인 터키 여행의 디저트였다.

터키 여행의 마지막 날인 9월 15일 화요일 오전에 이스탄불 고고학 박물관에 들렀다. 이곳에는 인류 최초의 문명인 수메르 문명을 포함하는 고대 오리엔트 문명부터 로마와 비잔티움 문명에 이르기까지 인류 문명사에 큰 발자취를 남겼던 지중해 연안 고대 문명의 종합전시장이었다. 불과 100년 전까지만 해도 고대 오리엔트 문명은 베일에 싸여 있었다. 아나톨리아의 중북부 구릉지인 하투샤(Hattusa)에 수도를 정하고 이집트에 버금가는 청동기 문명을 일으켰으며 비록 초보적 수준이었지만 세계 최초로 철기 시대를 열었던 히타이트 제국, 아나톨리아 고원에서 발원하여 메소포타미아 지방으로 흐르

카데시 평화 협정문(이스탄불 국립고고학 박물관)

는 티그리스 강 중류의 니네베(Nineveh)에 수도를 정한 아시리아 정복 제국, 메소포타미아의 유프라테스 강 하류의 바빌론(Babylon)에 수도를 정하고 아시리아 제국을 멸망시킨 신 바빌론 제국의 찬란했던 고대 오리엔트 문명의 정수를 보여주는 부조와 석조물이 다수 전시되어 있었는데 고대 유물은 대체로 BC 8~9세기경에 만든 것이 많았다.

고대 히타이트 제국의 가장 유명한 유물은 점토판에 쐐기글자로 새긴 카데시(Kadesh) 평화협정문이다. 이 평화협정문은 BC 1274년 이집트와 히타이트가 전차와 보병을 대규모로 동원하여 시리아의 카데시에서 전투를 벌인 지 16년 후 이집트 람세스 2세와 히타이트 하투실리 3세 간에 맺은 인류 최초의 평화조약으로 알려졌다. 이 카데시 평화협정문의 복사본은 국가 간 평화공존의 상징으로 국제연합 본부에 걸려 있다.[5]

신 바빌론 제국의 유물로는 아시리아를 멸망시킨 정복군주이자 고대세계의 7대 불가사의 가운데 하나였던 공중정원과 성경에도 나오는 바벨탑(지구라트 신전)을 건립하여 위대한 건설 왕으로 불리는 네부카드네자르 2세가 BC 6세기에 건축한 이슈타르 문(Ishtar Gate)과 행진 거리의 벽면을 장식했던 사

---

[5] 나무위키에서 발췌 인용하였다.

신 바빌론 제국의 행진거리를 장식한 타일벽화 왼쪽은 사자 상이고 오른쪽은 마르두크 상이다. 벽화 제작에 사용된 타일은 단순히 색깔만 입히고 유약을 바른 평면 타일이 아니라 대상물을 도드라지게 드러낸 부조형태의 타일이라서 입체감과 생동감이 있었고, 그 형상의 디테일은 도저히 기원전 6세기 작품이라는 생각이 안들만큼 정교했다.

자, 황소, 마르두크(Marduk) 상이 장식된 타일 벽화가 가장 유명하다. 벽화 제작에 사용된 타일은 단순히 색깔만 입히고 유약을 바른 평면 타일이 아니라 대상물을 도드라지게 드러낸 부조 형태의 타일이라서 입체감과 생동감이 있었고, 그 형상의 디테일은 도저히 BC 6세기 작품이라는 생각이 안 들 만큼 정교했다. 또 타일 벽화의 바탕색은 진한 파랑색이었는데, 이 파랑색을 내는 원료인 청금석을 오늘날 북 파키스탄 지역에서 수입해서 사용했다. 고대사회에서 사람과 문물이 왕래는 우리의 상상을 초월한다.

그런데 안타깝게도 오늘날 이라크 영토에 터를 잡은 신 바빌론 제국의 영광을 드러내는 유물의 대부분은 이라크는 물론 이곳 이스탄불 고고학 박물관도 아닌 독일 베를린에 있는 페르가몬 박물관에 가야 볼 수가 있다. 사정이 이렇게 된 데는 독일의 고고학자이자 건축가인 로베르트 콜데바이가 1899년부터 18년에 걸쳐 바빌론 유적을 발굴하고 발굴 유물을 무려 500여 상자에 담아 가서 페르가몬 박물관에다 복원해 놨기 때문이다. 19~20세기 초 세계를 장악했던 영국, 프랑스, 독일, 러시아는 경쟁적으로 세계 각지의 고대문명을 탐사라는 명목으로 발굴한 다음 유물을 몽땅 싣고 가 자기네 박물관의 전시실을 채웠다.

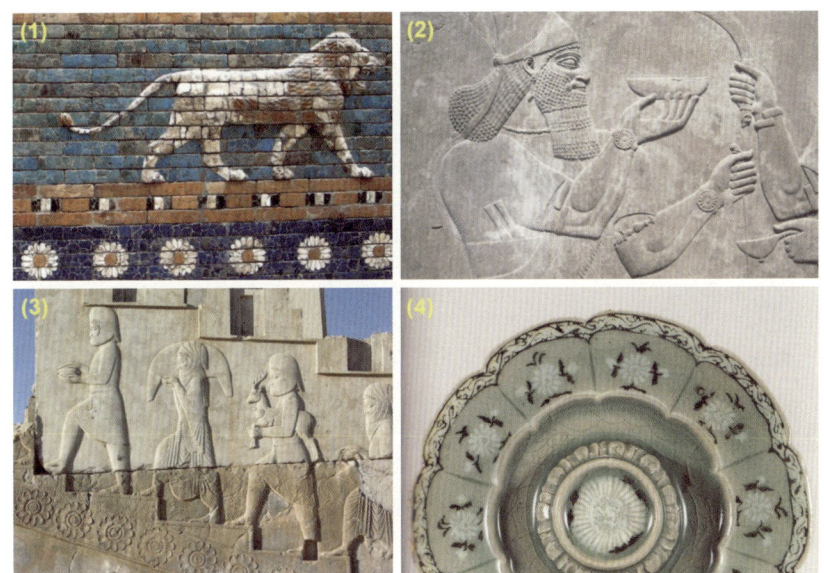

왕과 관련된 들국화 문양 (1) 바빌론 행진거리의 들국화 문양(신 바빌론 제국), (2) 아슈르나시르팔 왕의 들국화 문양 팔찌(아시리아 제국), (3) 페르세폴리스 황궁의 들국화 문양(페르시아 제국), (4) 청자 국화 문양(고려)

나는 서아시아 지역의 고대 문명인 히타이트, 아시리아, 바빌론과 페르시아 문명을 재미삼아 공부하다가 흥미로운 사실을 하나 발견했는데, 그것은 왕실 건물, 왕이나 신을 새긴 부조, 의상과 왕관에 들국화 문양이 흔히 보인다는 점이다. 신 바빌론 제국의 행진 거리와 이슈타르 문 주위를 들국화 문양으로 띠를 둘러 장식한 것을 볼 수 있고, 고대 페르시아 제국의 수도였던 페르세폴리스의 석조건물에도 들국화 문양이 장식된 것을 볼 수 있다. 특히, 아시리아의 경우에는 왕이 들국화 문양의 팔찌를 차고 다닐 정도로 들국화 사랑이 대단했는데 이 꽃의 생김새가 마치 오늘날 서양 들국화의 일종인 데이지와 매우 닮아서 '아시리아 데이지(Assyrian Daisy)'라고 부른다. 들국화 문양을 고대 왕국에서 즐겨 사용한 것으로 보아 이 문양에는 권위, 고귀함, 번영의 뜻이 담겨 있다는 생각이 든다. 그런데 더 재미난 사실은 고려청자에

로마시대 석관의 부조 (1) 풍요의 뿔, 사자 (2) 풍요의 뿔, 사자, 메두사 (3) 풍요의 뿔, 황소(아켈로우스), 메두사, 공작, 비둘기 (4) 풍요의 뿔, 천사, 아기, 메두사, 주인공 부부

도 들국화 문양이 흔히 보이는데 그 꽃의 생김새가 아시리아 데이지와 매우 닮았다는 점이다. 그래서 나는 들국화 문양의 고려청자를 볼 때마다, '서아시아 폭풍의 신이었던 타르훈자(Tarhunza)기 일으킨 거센 바람에 하늘 높이 날아올라간 아시리아의 들국화 꽃씨가 실크로드를 따라 흩날리다가 12세기 고려 땅에 흩뿌려지고 그 흙으로 빚은 청자에 아시리아 들국화가 활짝 피어난 것은 아닐까?' 하는 나 혼자만의 즐거운 상상을 해보기도 한다.

이스탄불 박물관에는 고대 로마와 비잔티움 제국의 유물도 상당수 전시되어 있었는데, 특히 2세기경 로마 제국의 전성기 때 제작된 석관은 큰 전시실 몇 개를 가득 채우고 있었고 석관 옆면을 풍요의 뿔과 메두사 얼굴로 장식한 것이 많았다. 가는 날이 장날이었던지 레바논의 시돈에서 발굴된 그 유명한 알렉산드로스 대왕의 이소스 전투 장면이 장식된 석관은 보수중이라 치워놔서 볼 수 없었다. 이렇게 주마간산으로 이스탄불 고고학 박물관 구경을 모두

이스탄불 고고학 박물관 뒤뜰에 전시된 메두사 얼굴상

마쳤다. 오늘로 15일간의 터키 여행을 모두 마쳤지만 아직 이스탄불만 하더라도 구경을 못한 곳이 더 많았기에 떠나야 하는 발걸음에는 아쉬움이 가득 묻어났다.

　숙소 근처 식당에서 늦은 점심을 먹고 이스탄불 아타튀르크 국제공항 쪽으로 가는 트램을 타러 술탄아흐메트 공원 옆 오르막길을 걸어 올라갔다. 이제는 눈에 익숙한 하기아 소피아 성당과 블루 모스크를 바라보면서 나는 마음속으로 작별인사를 하였다. '잘 있어라, 이스탄불아! 인연이 닿으면 언젠가 이곳에 또 올 수 있겠지.' 저녁 7시 터키항공 비행기를 타고 다음 여행지인 그리스 아테네로 향했다. 비행기는 아타튀르크 국제공항을 이륙하여 골든 혼이 내려다보이는 상공을 지나 에게 해를 향해 힘차게 날아갔다.

제5장

터키 여행을 통해 재발견한 우리문화유산

고려청자 칠보무늬의 원형을 찾아서

　터키 여행의 첫 도착지인 이스탄불에서 만났던 문화유산은 하나같이 경탄을 자아낼 만큼 아름답고 화려했다. 이 가운데 우리문화유산과 연관지어 생각해 볼 수 있는 것은 톱카프 궁전의 방과 건물 외벽을 장식한 청화타일과 돌마바흐체 궁전의 방에 놓여 있던 커다란 중국산 청화백자였다. 15세기말에서 17세기에 걸쳐 오스만 제국의 이즈니크에서 생산된 청화타일은 그 당시 황실과 고관대작들이 갖고 싶어 했던 아이템 목록의 최상단을 차지한 중국 청화백자를 모방한 것이다. 그런데 전통문양이 매우 아름다운 이즈니크 청화타일은 자기(Porcelain)가 아닌 도기(Pottery)이다. 도기보다 강도와 치밀성이 훨씬 뛰어난 자기를 만들려면 질 좋은 고령토와 1300℃ 고온에서 환원분위기를 만들어줄 수 있는 가마기술이 필요한데 16세기까지 이 첨단기술을 보유한 나라는 전 세계를 통틀어 우리나라와 중국뿐이었다. 17세기 중엽, 중국 중원을 장악한 청나라가 일시적으로 해안을 봉쇄하고 청화백자의 수출을 금지시킨 시기가 있었다. 청화백자를 구할 수 없었던 포르투칼, 스페인, 네덜란드 상인들이 당시 자기를 생산하기 시작한 일본으로 눈을 돌려 일본자기를 수입하기 시작했고 유럽에서 일본자기는 중국 청화백자 못지않은 인기를 누렸다. 톱카프 궁전이나 돌마바흐체 궁전에서 볼 수 있는 일본자기는 대

청자투각칠보무늬뚜껑 향로와 고려청자 합(국립중앙박물관 소장) 한국미술사에서는 십자형 꽃잎이 사방으로 연속된 문양을 '칠보무늬'라고 부른다.

부분 17~19세기에 생산된 이마리 자기이다. 참으로 아쉽게 생각되는 것은 청화백자를 생산할 수 있었던 조선이 유럽과 국제무역을 할 수 있는 절호의 기회를 잡지 못한 점이다. 청화백자를 장식하는데 흔히 사용된 문양은 식물의 넝쿨 문양을 일컫는 당초문으로 이 문양의 기원설은 불명확한 점이 있어 논외로 하고, 대체로 페르시아나 메소포타미아 지역에서 사용되었던 아라베스크 문양이 인도 불교의 전래와 함께 중국(육조시대)과 우리나라(고구려·백제·신라)로 전파되어 사용되기 시작한 것으로 보고 있다.

청화백자뿐만 아니라 이보다 앞선 12~13세기에 제작된 고려청자에도 당초문이 즐겨 사용되었다. 이외에도 포도넝쿨, 연꽃, 모란, 국화, 운학문 등이 흔히 사용되었고 몇몇 기하학적 문양도 사용되었는데 대표적인 기하학적 문양으로 '칠보무늬'가 있다. 칠보문의 형태는 십자모양 꽃잎이 한 줄로 연속해서 배치된 이방연속무늬 또는 평면의 사방으로 반복 배치된 사방연속무늬를 말하는데 십자형 꽃잎의 중심이나 꽃잎과 꽃잎 사이 빈 공간에 점이나 작은 문양이 추가된다. 칠보무늬가 그려진 대표적인 고려청자로 국보 95호인 '청자투각칠보무늬뚜껑 향로'와 '청자 합'이 있는데 청자향로의 칠보문은 3차원 문양이고 청자 합의 칠보문은 2차원 문양이다.

그러나 이 기하학적 문양의 기원은 차치하고서라도 왜 이러한 문양을 칠보무늬라고 부르는지 그 이유를 명쾌하게 설명해 주는 자료를 찾기란 불가능하였다. 칠보무늬에 대한 사전적 정의를 살펴보면 다음과 같다.

"칠보문은 자손들에게 좋은 일이 많이 일어나 풍요로운 삶을 살고, 재앙은 물러가기를 기원하는 의미를 지니고 있다. 칠보에는 복을 상징하는 전보(錢寶), 다복을 상징하는 서각보(犀角寶), 경사를 뜻하는 방승보(方勝寶), 타고난 복과 벼슬의 녹을 상징하는 화보(畵寶)와 서보(書寶), 장수를 상징하는 애엽보(艾葉寶), 다복을 의미하는 경보(鏡寶), 귀함을 상징하는 특경보(特磬寶)가 있다."

나는 이 문장을 아무리 읽어봐도 왜 십자형 꽃잎 연속무늬를 칠보무늬로 부르는지 전혀 이해할 수 없었다. 십자형 꽃잎 연속무늬가 칠보무늬라면, 복을 상징한다는 전보문일까, 아니면 경사를 뜻하는 방승보문일까? 솔직히 칠보무늬는 실체가 없는 너무나 상상 속의 문양으로 보인다. 또 어느 원로 전문가는 칠보무늬를 무량보주문이라 주장하였는데 그 내용을 읽어보면 설득력 없기는 마찬가지이다. 그래서 이 글에서는 이 정체불명의 칠보무늬를 '십자형 꽃잎(사방연속)무늬'라고 부르기로 한다.

나는 터키 여행 중에 카파도키아 으흘라라 계곡에 갔을 때, 계곡 입구에 있는 아찰츠 교회(Ağaçaltı Kilise)라 불리는 한 기독교 석굴교회를 구경했다. 석굴의 천정과 벽면에는 기독교 프레스코 성화와 문양이 그려져 있었는데 석굴교회가 한곳에 몰려 있는 카파도키아 야외 박물관을 구경했을 때 봤던 것과 비슷한 그림이라 생각되어 별 생각 없이 사진만 찍고 나왔다. 귀국 후 다음카페에 여행기를 쓰기 위해 이곳에서 찍은 사진을 찬찬히 들여다보던 중

아찰츠 교회 및 코카 교회의 십자형 꽃무늬 청자 투각칠보무늬뚜껑 향로의 칠보무늬와 한 치의 오차도 없이 똑같이 생겨서 나는 이 사진을 보는 순간 기절초풍할 뻔하였다.

에 천정 프레스코에서 우연히 십자형 꽃무늬를 발견하였는데 이 문양의 생김새가 너무나도 고려청자의 칠보무늬를 닮았기에 나는 무척 놀라지 않을 수 없었다. 그래서 혹시 고려청자의 칠보무늬와 카파도키아 석굴교회의 십자형 꽃잎무늬가 무슨 연관이 있지 않을까 싶은 생각이 들어 구글 검색을 통해 자료조사를 하게 되었는데, 으흘라라 계곡과 이 주변의 많은 석굴교회와 수도원에서 '십자형 꽃무늬(일명 칠보무늬)'가 광범위하게 사용됐음을 알게 되었다.

비잔틴 제국의 영토였던 이곳 으흘라라 계곡에는 7~11세기에 걸쳐 수많은 석굴교회와 수도원이 세워졌다. 그 가운데 내가 직접 본 아찰츠 교회(Ağaçaltı Kilise)와 이곳에서 약 1km 떨어진 또 다른 석굴교회인 코카 교회(Kokar Kilise)의 천정 프레스코에 십자형 꽃무늬가 그려져 있는데 특히, 코카 교회의 문양은 청자투각칠보무늬뚜껑 향로의 칠보무늬와 한 치의 오차도 없이 똑같이 생겨서 나는 이 사진을 보는 순간 기절초풍할 뻔하였다.

이후에 추가적인 자료조사를 통해 이 십자형 꽃무늬는 비잔티움 제국뿐만 아니라 고대 로마에서 장식용 문양으로 아주 널리 사용됐음을 알게 되었는

코카 교회의 십자형 꽃무늬 확대 사진(자료 사진) 원이 겹쳐진 문양(십자형 꽃무늬)은 고려청자 투각칠보무늬뚜껑 향로의 칠보무늬와 한 치의 오차도 없이 똑같다.

십자형 꽃무늬가 있는 넵투누스(포세이돈)와 비너스(아프로디테) 모자이크(터키, 에페소스) (자료 사진)

십자형 꽃무늬가 있는, 바쿠스의 승리(Triumph of Bacchus) 로마 모자이크(스페인, 세비야 박물관) (자료 사진)

데, 주로 로마 시대 빌라의 거실이나 테라스 바닥 또는 보도를 장식하는 모자이크 문양으로 흔하게 사용되었다.[1] 특히 이 문양은 고대 로마도시인 에페소스의 테라스 하우스와 하드리안 신전 맞은편에 있는 모자이크 거리에서 만나볼 수 있다. 또한 이 문양은 에페소스 고대도시에서 가까운 셀축의 성 요한 교회의 사도 요한 무덤에서도 볼 수 있다. 로마 제국과 비잔티움 제국의 십자형 꽃무늬는 12~13세기에 제작된 고려청자 칠보무늬보다 훨씬 이른 시기의 문양이다.

　십자형 꽃무늬는 고대 로마 문명에서 널리 사용했던 다양한 장식용 문양

---

[1] 'Centuries of Circles' 기사를 참조하였다.

십자형 꽃무늬가 있는 고대 로마 모자이크(리비아, 빌라 사일린) (자료 사진)

가운데 하나로서, 지중해를 에워싼 로마 제국의 속주였던 북아프리카(현재 리비아)의 빌라 사일린(Villa Sileen)이나 스페인 세비야에서도 만나볼 수 있다.

    십자형 꽃무늬는 비단 고려청자에만 있는 것이 아니다. 14세기 초, 중국 원나라 경원항(명나라 때는 영파항이라 불림)을 출발한 무역선이 일본 규슈 하카타로 가던 중에 신안 증도섬 앞바다에서 침몰하였는데, 1976년부터 10년 간에 걸쳐 건져올린 신안해저유물, 즉 13~14세기 원나라 도자기(향로)와 금속용기(향병)에서도 십자형 꽃무늬가 관찰된다. 특히 향 젓가락과 향 숟가락을 담는 용기였던 향병의 기다란 목 부분을 장식한 문양은, 카파도키아 으흘라라 계곡에서 상당히 떨어져 있는 니제(Niğde)라는 지역에 10~11세기에 지

십자형 꽃무늬를 이용하여 목 부분을 만든 향병 (중국 원나라)

십자형 꽃무늬로 장식한 귀뮈슬러 수도원의 돌기둥(터키, 카파도키아 니제)

은 귀뮈슬러 수도원(Eski Gumusler Monastery)의 돌기둥에 새겨진 문양과 정확히 일치한다.

  그런데 나는 최근에 '고대 로마 문명은 그리스나 메소포타미아와 같은 선진 고대 문명을 계승·발전시킨 문명이기에 로마의 십자형 꽃무늬도 혹시 로마 문명 이전의 어떤 고대 문명으로부터 전승된 것이 아닐까?' 하는 생각이 문득 들어 추가적인 자료 조사를 해보았다. 매우 놀랍게도 나는 구글 검색을 시작한 지 며칠 만에 세계 4대 고대 문명 발상지 가운데 하나인 인더스 계곡 문명(BC 3300~1300)의 채색 토기에서 로마의 십자형 꽃무늬의 원형을 발견할 수 있었다. 인더스 강이 흐르는 파키스탄의 하라파(Harappa)에서 가장 먼저 발견되어 하라파 문명(Harappan Civilization)으로도 불리는 인더스 문명

십자형 꽃무늬로 장식한 고대 인더스 문명의 채색토기(파키스탄 하라파 및 찬후다로 출토) 인더스 토기를 찬찬히 들여다보면 십자형 사방연속무늬는 꽃을 디자인한 것이라는 느낌이 강하게 든다. 이 꽃의 생김새는 오뉴월이 되면 우리나라 산이나 정원에서 하얀 꽃을 피우는 산딸나무 꽃을 무척이나 닮았다.

은 티벳 서부 지역에서 발원하여 파키스탄의 북동쪽(히말라야 산맥)에서 남서쪽(아라비아 해)으로 흐르는 인더스 강 주변의 기름진 평원에 고대인이 정착하여 마을을 이루고 농사를 짓고 마을 간 문물교환이 활발히 일어나면서 거대 도시로 발전해 나간 인류 초기 청동기 문명이다. 지금까지 발견된 도시 유적은 총 1,052개로 전체 도시 면적은 동시대의 이집트나 메소포타미아 문명 지역보다 훨씬 넓었으며, 전성기 때는 이 지역에 약 500만 명이 거주했다고 한다. 대표적인 도시 유적으로 인더스 강 중류 지역의 하라파와 하류 지역의 모헨조다로(Mohenjo-Daro)가 있다. 이 고대도시는 구운 벽돌로 지은 집으로 가득 찼고 세계 최초로 정교한 상하수도 시스템을 갖추었으며 그 당시 어떤 문명의 도시보다도 잘 구획된 도시였다. 고대 인더스 청동기인은 뛰어난 야금술과 수공예 기술을 갖추었고, 각종 장신구, 토기, 인장, 양모와 무

고려청자 칠보무늬의 원형을 찾아서 고려청자 칠보무늬는 동서 문명교류의 산물이다. (1) 인더스 계곡 문명(BC 2600~1900)의 토기 문양, (2) 로마 제국 문명(BC 27~AD 476)의 모자이크 문양, (3) 고려 문명(AD 918~1392)의 청자베개 칠보무늬

명을 만들었으며, 상인들은 인더스 강 유역의 도시는 물론 멀리 서아시아의 메소포타미아 문명 지역과도 활발히 교역했다.[2] 세계지도를 펼쳐보면 파키스탄의 인더스 강 하구에서 배를 타고 해가 지는 서쪽으로 방향을 튼 다음 이란 땅을 오른쪽에 끼고 페르시아 만으로 진입하면 이라크의 유프라테스 강 하구에 도달할 수 있다는 것을 새삼스럽게 깨닫게 된다. 실제로 고대사회에서 이 뱃길을 따라서 계절풍을 이용한 무역선의 왕래가 활발히 이루어졌다. BC 326년, 마케도니아의 알렉산드로스 대왕이 동방원정을 마치고 북인도에서 군대를 철수하여 제국의 새로운 수도로 점찍어 놓은 메소포타미아(이라크)의 바빌론으로 돌아갈 때도 바로 이 뱃길을 이용했다.

로마의 십자형 꽃잎 사방연속무늬를 보고 있으면 마치 금속 재료에서 원자의 배열 상태를 보는 듯 질서정연한 기하학적 아름다움이 돋보인다. 반면에 하라파의 십자형 꽃무늬에서는 마치 천경자 화백의 화려한 꽃그림을 보는 듯 원시적 생명력이 느껴진다.

12~14세기에 제작된 고려청자의 십자형 꽃무늬가 인류 초기 청동기 문명

---

[2] 위키피디아와 나무위키에서 발췌 인용하였다.

여의주문 전통보자기(왼쪽)와 산딸나무 꽃

인 인더스 문명(전성기: BC 2600~1900)으로부터 바로 건너왔다고 생각하기엔 무리가 있어 보인다. 인더스 문명의 채색토기에 사용된 십자형 꽃무늬는 메소포타미아 문명을 거쳐 로마 문명으로 건너가 모자이크 문양으로 널리 사용된 것으로 짐작된다. 이렇게 서쪽으로 건너간 십자형 꽃무늬는 로마 제국을 계승한 비잔티움 제국에서 6세기에 건설한 성 요한 교회의 사도 요한 무덤 주변을 아름답게 꾸몄고, 7~11세기에 건축된 석굴교회의 장식용 문양으로도 널리 사용되었다. 이 꽃문양이 어떤 경로를 통해 중앙아시아와 중국을 건너 아시아의 동쪽 끝에 있는 고려까지 왔는지 구체적인 전달 과정을 추적해 보는 것도 우리 고고미술사의 깊이를 더해주는 일이 되지 않을까 싶다.

어쨌든 인더스 강의 하라파 장인이나 로마의 장인에게는 '칠보'와 '무량보주'를 일컫는 단어와 개념이 없었을 것이다. 단어와 개념이 없는 상태에서 이를 문양으로 형상화한다는 것은 불가능한 일이다. 하라파와 로마의 십자형 꽃무늬를 탄생시킨 것은 분명 다른 조형 원리였을 것이다. 따라서 시기적으로 훨씬 앞서 제작된 이들 문양과 비교했을 때 한 치의 오차도 없이 정확히

로마 모자이크와 고려청자의 산딸나무 꽃무늬 두 문양의 크기를 똑같게 하여 서로 맞대어 보면 정확히 일치한다. 청자를 장식한 칠보무늬(산딸나무 꽃무늬)는 동서 문명교류의 산물이다. 필자는 고려청자 국화문양 역시 메소포타미아와 페르시아문명에서 널리 사용된 '아시리아 데이지' 문양이 그 원형이라 판단하고 있다. 이번 터키 여행을 통해, 우리 문화사를 연구함에 있어서 적어도 고려시대까지는 한반도라는 좁은 울타리에 갇혀 있으면 안 된다는 것을 깊이 깨달았다.

일치하는 청자 투각칠보무늬뚜껑 향로의 투각문양을 일컬어 실체가 불분명한 '칠보무늬'니 '무량보주문'이니 하고 말하는 것은 더 이상 의미 없는 주장이라고 생각된다. 우리나라 퀼트업계에서는 이 십자형 꽃무늬를 일컬어 '여의주문'이라고 부르는데 이것 역시 근거가 희박한 용어라는 생각이다. 인더스 토기를 찬찬히 들여다보면, 십자형 사방연속무늬는 다름 아닌 꽃을 디자인한 것이라는 느낌이 강하게 든다. 그리고 그 꽃의 생김새는 마치 우리나라 산에서 오뉴월이면 하얀 꽃을 피우는 산딸나무 꽃을 무척이나 닮았다. 그래서 필자는 앞으로 고려청자의 칠보무늬와 전통보자기의 여의주문을 '산딸나무 꽃무늬'로 부를 것을 제안한다.

월정사 석조인물상은 누구인가

　기독교가 국교였던 비잔티움 제국(동로마 제국) 시기에 성경 내용을 주제로 한 많은 성화가 제작되었다. 성모 마리아와 아기 예수, 예수의 부활, 최후의 심판, 예수와 12사도, 좌 베드로·우 바울 그림이 모자이크 또는 프레스코로 그려져 수많은 교회의 천정과 벽면을 장식하였다. 이것은 기독교 신앙을 정형화된 그림으로 나타낸 도상체계이며 그 조형 의지는 불교의 불화와 근본적으로 차이가 없다고 생각된다.
　디기 이스탄불의 하기아 소피아 성당을 방문했을 때, 그 유명한 디시스(Deesis) 또는 데이시스(Deisis)라 불리는 성화를 구경하였다. '간청' 또는 '애원'을 뜻하는 디시스는 비잔티움 시대에 예수의 신성을 나타내는 정형화된 그림이다. 정면에서 바라다봤을 때, 한 손에는 성서를 들고 옥좌에 앉아 계신 예수를 중심으로 왼쪽에 성모 마리아를, 오른쪽에 세례 요한을 배치하였는데 두 사람은 겸손의 표시로 머리를 살짝 숙인 채 탄원하는 자세로 예수를 향해 손을 뻗고 있는 모양새다. 이 그림은 최후의 심판 때 예수님에게 인간의 죄를 사면해 달라고 간청하는 모습을 나타낸 것이다. 나는 이 그림을 바라봤을 때 고려 불교의 문화유산으로 강원도 오대산 월정사에 있는 팔각 구층석탑과 그 앞에 있는 석조인물상이 떠올랐다. 이 석탑과 석상은 가히 한국

디시스(터키, 하기아 소피아 성당) 이 모자이크 그림은 최후의 심판 때, 예수님에게 인간의 죄를 사면해 달라고 간청하는 모습을 나타낸 것이다.

불교의 디시스로 불릴 만한 것이다. 그렇다면 예수님에게 인간의 죄를 사면해 달라고 간청하는 세례 요한에 해당하는 인물이 석상의 주인공이란 말인가? 결론적으로 말한다면 그렇다. 이 글에서는 지금까지 한국미술사에서 밝혀내지 못한 석조인물상의 주인공이 누구인지, 그리고 신앙심이 두터웠던 고려인이 만든 월정사 팔각 구층석탑과 석상의 조형 의지를 밝히고자 한다.

강원도 월정사의 대표 유물인 팔각 구층석탑은 고려 때 석탑으로 강원도와 북부 지역에서 유행하던 석탑 양식이다. 구층석탑 앞엔 돌로 만든 한 인물상이 탑을 바라보며 있다. 이 인물상이 불교 도상 체계에서 누구를 의미하는지는 아직 밝혀지지 않았으며, 그냥 두리뭉실하게 '석조보살좌상'이라 불리고 있다. 월정사 스님께 저분이 누구시냐고 여쭤보면 '공양보살'이라고 답변하신다. 공양보살이든 석조보살좌상이든 이 명칭은 고유명사가 아닌 보통명사이기에 이 분이 정확히 누구신지는 아직 모른다는 이야기다. 한국 민족문화대백과사전은 이 인물상에 대해 다음과 같이 설명하고 있다.

월정사 석조보살좌상에 관한 문헌 기록이나 명문이 남아 있지 않아 조성

강원도 월정사 팔각구층석탑과 석조인물상 이 석탑과 석상은 가히 한국 불교의 디시스로 불릴만 한 것이다.

배경에 관한 구체적인 내용은 알 수 없다. 현재 보살상은 월정사 성보박물관에 전시되어 있으나 최근까지도 팔각 구층석탑 앞에 놓여 있었다. 이능화(李能和)의 『조선불교통사(朝鮮佛敎通史)』에 실려 있는 「월정사사적(月精寺事蹟)」과 「신효거사친견류오성사적(信孝居士親見類五聖事蹟)」에는 "탑 앞에 약왕보살석상(藥王菩薩石像)이 있는데, 손에 향로를 들고 탑을 향하여 무릎을 꿇고 있다. 전하는 바에 의하면, 이 석상은 절의 남쪽 금강연(金剛淵)에서 나왔다고 한다."라고 기록되어 있다. 다만 이 기록이 석조보살좌상의 조성 당시 상황과 직접적으로 관련되는지에 대해서는 알 수 없다. 한편 『신증동국여지승람(新增東國輿地勝覽)』에 실려 있는 고려 시대 정추(鄭樞, 1333~1382)의 시에

월정사 석조 인물상 (왼쪽) 고려시대, (오른쪽) 복제품(자료 사진)

는 석조보살좌상을 문수보살로 기록하고 있다.

　이러한 석조보살좌상 형식은 강원도 강릉 일대에서 발견되는 양식으로 월정사 인근의 강릉 신복사 터에 있는 삼층석탑 앞에도 똑같은 양식의 인물상이 놓여 있다. 월정사 석조인물상의 전체적인 모습은 석탑 앞에서 무언가 간절히 간청하고 있는 모습이다. 마치 우리 할머니들이 자손들 잘 되라고 미륵불 앞에서 비는 그런 모습 같다. 한국미술사 책에는 무엇인가를 공양하는 모습이라 쓰여 있지만 나에게는 공양하는 모습이 아니라 무엇인가를 간절히 간청하는 그런 모습으로 비춰졌다.

나는 최근에 도올 김용옥 선생이 쓴 『달라이라마와 도올의 만남』이란 책을 읽던 중에 어떤 대목에서 바로 월정사 석조인물상이 누구인지를 정확히 알게 되었다. 그것은 바로 팔리어 삼장(경장·율장·논장) 가운데 붓다의 말씀을 담은 경장에 속하는 『마하박가』라는 불경에 소개된 다음과 같은 내용이었다.[3]

그때 세존께서는 예전에 들어보지 못한 게송을 떠올리셨다.
"나는 어렵게 깨달음에 도달하였다.
그러나 내 지금 무엇을 말하리!
탐착에 물든 자들이 어떻게 이 법을 보겠는가?
어둠의 뿌리로 뒤덮인 자들이여."

이와 같이 깊이 사색한 세존께서는 법을 설하지 않기로 하셨다. 이때 사파주 범천(사함파티 브라흐마)이 자신의 마음으로 세존의 마음속을 알고서 이렇게 생각했다.
"아아! 세상은 멸망하는구나!
이아! 세상은 소멸하고 마는구나!
여래·응공·정등각자가 마음속에만 묵묵히 담고 있고 그 법을 설하지 않는다면!"

그리고 세존 앞에 현신하여 한쪽 어깨를 드러내고, 오른쪽 무릎을 땅에 꿇은 채 세존을 향해 합장하여 간청했다.
"세존이시여! 법을 설하소서. 선서(善逝)께서는 법을 설하소서.
삶에 먼지가 적은 중생들도 있습니다. 그들이 법을 듣는다면 알 수 있을 것이오나, 법을 설하지 않으신다면 그들조차 쇠퇴할 것입니다."

---

[3] 김용옥, 『달라이라마와 도올의 만남』(통나무, 2002년) 1권, 156~157 쪽에서 인용하였다.

세존은 범천의 간곡한 청을 계속 들으시면서도 계속 반복하여 말씀하셨다.
"나는 어렵게 도달하였다.
어떻게 이 법을 보겠는가? 어둠의 뿌리로 뒤덮인 자들이.
범천아! 이런 깊은 사색 끝에 나는 법을 설하지 않기로 하였던 것이다."

탑(塔: 스투파)은 붓다를 상징한다. 마하박가 경전의 내용을 형상화한 것으로 보이는 월정사 팔각 구층석탑 앞에 오른쪽 무릎을 꿇고 탑(붓다)을 향해 합장하며 설법을 간청하는 석조인물상은 보살이 아니라 범천(사함파티 브라흐마)으로 판단된다. 범천은 최대한 예를 갖추기 위해 한쪽 어깨를 드러내고, 오른쪽 무릎을 꿇고 두 손을 공손히 모은 자세로 세존에게 세 번씩이나 설법을 간청하였다. 그의 얼굴과 몸짓에는 세상의 멸망을 막기 위한 간절함이 배어 있다. 나는 이 작품의 주제가 이스탄불의 하기아 소피아 성당에 있는 비잔틴 모자이크 성화, 예수님에게 인간의 구원을 간청하는 세례 요한을 그린 디시스와 똑같다고 생각한다. 즉, 팔각 구층석탑과 범천상으로 이루어진 한 쌍의 조형물은 가히 '불교의 디시스'로 불릴 만한 것이다.

따라서 지금부터 이 석조인물상은 '석조보살좌상'이 아니라 '석조범천권청설법상(石造梵天勸請說法像)'이나 '석조범천권청전법륜상(石造梵天勸請轉法輪像)'으로 불러야 한다. 그리고 강릉 신복사 터 범천의 보관 위에 언젠가부터 올려놓은 지붕돌은 이제 그만 내려놓아도 좋을 것 같다. 왜냐하면 지붕돌은 범천에겐 어울리지 않는 보관이기 때문이다.

팔각 구층석탑 앞에 있는 오리지널 범천상은 돌의 부식이 심하여 몇 년 전에 새로 만든 범천상으로 대체하고 월정사 박물관에 옮겨 두었다. 새로 만든 범천상은 정교하면서 화사하게 조각되었지만, 얼굴 표정에는 중생을 구제하기 위해 부처님의 설법을 간청하는 간절함이 보이질 않는다. 그냥 곱상한 보

월정사의 가람 배치는 범천상-석탑(비로자나불)-적광전(비로자나불)이 일직선 상에 놓이는 구조이다. 이 석조인물상은 '석조보살좌상'이 아니라 '석조범천권청설법상' 또는 '석조범천권청전법륜상'으로 불러야 한다.

살 얼굴이다. 이렇게 된 것은 석탑과 석상의 조형 원리를 모르기 때문에 그냥 예쁘게만 조각했기 때문이라 생각된다.

　범천과 석탑으로 이루어진 한 쌍의 조형물에서 석탑으로 나타낸 붓다는 석가모니도, 아미타불도 아닌, 깨달음과 말씀의 화신인 비로자나불이라야 가장 잘 어울릴 것 같다. 비로자나불은 화엄경에서 붓다의 법신(法身)을 나타낸 것으로 연화장 세계에 살며 그 몸은 법계(法界)에 두루 차서 큰 광명을 내비치어 중생을 제도하는 부처이다. 그런데 정말 놀랍게도, 월정사 팔각 구층석탑 뒤에 있는 금당의 이름이 적광전(寂光殿)이다. 적광전은 비로자나불을 모신 법전을 일컫는다. 월정사의 가람배치는 범천상-석탑(비로자나불)-적광전(비로자나불)이 일직선 상에 놓이는 구조가 되는 것이다. 그런데 한국전쟁 때 불타버려 1969년 새로 지은 적광전 안에는 비로자나불이 아닌 석가모니불이 모셔져 있다. 적광전 안내판에는 적광전에 석가모니불을 모신 이유에 대해 설명이 적혀 있지만 필자로서는 선뜻 납득이 되지 않는다. 고려시대에 접어들어 왜 유독 강원도 일대 사찰에 범천과 비로자나불로 이루어진 한 쌍의 조형물이 유행했는지 그 사연이 무척 궁금하다. 또한 필자는 고려 전기에 집중적으로 세워졌던 이형석탑의 한 종류로 사자 네 마리와 함께 한가운데에 비로자나불을 안치한 사사자석탑과 그 앞에 놓인 석등 형태의 석조인물좌상 역시 월정사 팔각 구층석탑과 범천상의 또 다른 변주로 판단하고 있다.

| 에필로그 |

    나는 인류 문명의 발상과 교류, 쇠퇴에 관심이 많다. 그래서 언젠가 기회가 된다면 문명의 발상지인 페르시아, 메소포타미아의 비옥한 초승달 지역, 이집트, 유럽 문명의 원형인 그리스·로마를 포함하는 지중해 연안 지역, 문명교류의 대동맥이었던 실크로드, 인도, 그리고 최근에 또 하나의 문명 발상지이자 우리 문명의 시원이라 생각되는 요하지역에도 가보고 싶다. 이번 터키 여행을 통해 지중해 연안의 극히 일부 지역을 답사하였는데 나머지 지역엔 언제쯤 가볼 수 있을지 모르겠다.

    인간의 탄생-성장-죽음이라는 인생의 사이클과 마찬가지로 어느 한 지역의 문명 역시 탄생, 성장 그리고 소멸의 과정을 거친다. 필자는 세계사에 뚜렷한 족적을 남긴 제국의 흥망성쇠에 관심이 많은데 요즘에 특히 관심을 갖고 있는 것은 제국의 멸망 원인이다. 중국 역사상 가장 넓은 강역을 확보한 청나라의 황금기를 가져왔던 강희제-옹정제-건륭제 시기의 강건성세(1661~1796년)가 지나고 왜 청나라는 몰락의 길을 걷게 됐는지 매우 궁금하여 삼황제 각각의 평전을 읽어 봤다. 섣부른 판단일지는 모르겠지만, 청나라를 멸망에 이르게 한 가장 큰 요인은 다름 아닌 황제 시스템 그 자체가 갖는 한계 때문이었다는 결론을 내리게 되었다. 똑똑하고 현명한 황제가 등장했을 경우엔 번영을 구가했지만, 후임자인 황태자가 늘 선대 황제만큼 똑똑하고 현명할 수는 없는 것이다. 그리고 제 아무리 현명한 황제일지라도 그의 판단이 늘 옳은 것도 아니었고, 황태자 간택을 두고는 권

력 암투가 빈번히 일어났고 피바람이 몰아쳤다.

　이번 터키 여행에서 지켜본 오스만 제국도 한때는 동로마 제국의 뒤를 이어 지중해를 둘러싼 대제국을 이룩했지만 청나라와 마찬가지로 절대 권력을 누린 술탄의 세습제도의 한계로 인해 몰락의 길을 걸었다. 아이러니컬하게도 오스만 제국이 서서히 쇠퇴의 길을 걷기 시작한 것은 가장 강대한 제국을 건설한 쉴레이만 대제 이후부터였다. 망국에는 여러 요인이 복합적으로 작용하기 마련이지만, 절대 권력을 행사하는 술탄 자리를 무능한 아들에게 물려준 것도 하나의 요인이었다. 아직도 지중해 연안에 산재한 수많은 고대 유적에서 번영의 흔적이 남아 있는 로마 제국 역시 팍스 로마나를 구현했던 오현제 시대(96~169년)가 지나면, 40년간 20명의 황제가 암살되고 바뀌는 군인황제 시대를 거쳐 몰락의 길을 걸었다. 오현제 시대는 친자식이 아닌 유능한 양자에게 권력을 물려준 시대였다. 역사가들은 오현제의 마지막 황제였던 마르쿠스 아우렐리우스가 탐욕으로 가득 찼던 아들에게 황제 자리를 물려주면서 로마 제국은 멸망의 길을 걷기 시작했다고도 말한다. 우리나라 역시 조선조 후기 르네상스 시기라 불리던 영·정조 시대가 끝나고 특정 가문의 세도정치가 시작되면서 망국의 길을 향해 걸었다. 역사의 신은 권력세습의 끝은 결국 멸망이라는 것을 우리에게 엄중히 가르쳐주고 있다. 이는 비단 국가 권력에만 국한된 이야기가 아니며 21세기를 실질적으로 지배하고 있는 경제 권력에도 적용되는 인간세상의

| 에필로그 |

  원리라고 생각된다. 현재 우리나라 재벌들은 온갖 편법을 동원한 3대 세습을 진행하고 있는데, 나는 우리나라의 재벌그룹이 현재의 제왕적 지배구조를 벗지 못한다면 빨리 망하느냐, 조금 늦게 망하느냐 차이만 있을 뿐 모두 망하는 길로 달리고 있다고 생각한다.

  중국사를 전공한 최후의 독립군 고 김준엽 선생은 중국 역대 왕조의 흥망성쇠에 근거하여 한 나라의 운명은 건국 후 50년 안에 결정된다고 말한 적이 있다. 한 나라의 건국정신과 국민기풍이 형성되는 초기 50년이 그 나라의 수명을 결정한다는 것이다. 어느덧 건국 100주년을 바라보는 대한민국도 예외는 아닐 것이다. 정부수립 이후 수많은 격동의 역사를 헤쳐 온 우리나라의 건국정신과 국민기풍은 과연 무엇이며 올바르게 형성되었을까? 필자가 걱정스럽게 생각하는 것은, 정부수립 후 70년 세월이 지나니 어느덧 우리사회에도 정치·경제·사법·국방을 비롯한 많은 분야에서 기득권층이 형성되어 그들만의 논리로 무장된 강고한 성역이 구축되었고 성벽이 점점 높아지고 있다는 점이다. 이들은 전문가를 자처하며 시민들의 건전한 비판과 감시를 거부하고 시민들이 제기하는 지극히 상식적인 질문을 무시한다. 계층 이동 사다리가 무너진 사회, 젊은이가 꿈을 잃은 사회, 시민에 군림만 하는 부패하고 무능한 정치권력, 감시견 역할을 포기한 언론, 국민 노후자금인 국민연금까지 손대는 후안무치한 재벌, 사회정의 실현보다는 정치권력에 잘 보여 출세만을 쫓는 정치검찰, 부패한 권력에 줄서 곡학아세를 일삼는 어용 학자와 영혼 없는 고위 공무원, 점점 심각해지는 빈부격

| 산딸나무와 터키 여행 |

차와 세대 간 갈등, 소금 구실을 못하는 종교는 우리나라가 과연 얼마나 오래 지속될 수 있을까 하는 의문을 갖게 한다. 특히 이러한 사회문제가 속으로 곪아서 터져버린 지난 9년은 수많은 시민이 '이게 나라냐?' 하고 깊은 탄식을 내뱉고, 시궁창에 내동댕이쳐진 나라꼴에 얼굴을 못 들고 다닌 어둠의 세월이었다. 필자는 앞으로 살아갈 세월이 나보다 훨씬 많이 남은 내 딸아이 세대가 무척이나 걱정된다. 그러나 역사의 신이 아직 우리 민족을 외면하지 않은 듯, 우리 국민은 지난 겨울철 내내 영하의 날씨를 무릅쓰고 평화적으로 진행한 촛불시위를 통해서 민주주의를 다시 부활시키고 상식과 정의가 통하는 나라다운 나라를 만들겠다는 희망의 씨앗을 뿌렸다. 엄동설한에 어렵게 뿌린 씨앗에서 봄이 되자 기적적으로 희망의 싹이 돋아났다. 우리 민주시민들이 이 기적의 싹을 잘 키워 정의롭고 행복한 나라라는 알찬 열매를 수확하기를 간절히 기원한다. 우리사회 모든 분야에서 기득권층이 형성한 카르텔이 깨지고 건전한 시민의 감시와 비판이 통하는 상식적이고 이성적인 사회가 되기를 소망한다.

이번 터키 여행을 하면서, 이스탄불의 톱카프 궁전에서 터키 민족의 화려했던 영광의 시대를 보았고, 돌마바흐체 궁전에서는 화려함 속에 숨어있는 몰락의 그림자를 엿볼 수 있었다. 터키 팜필리아 지방의 페르게, 아스펜도스, 시데의 유적과 이오니아 지방의 에페소스 유적에서 그리스인의 신화적 상상력과 로마인의 고도로 발달된 건축술을 볼 수 있었다. 만약 그

| 에필로그 |

리스 신화라는 스토리텔링이 없었다면 그리스·로마 문명이 남긴 유적에서 볼 수 있는 것은 그야말로 돌멩이뿐이었을 것이다. 그리스 신화에 나오는 올림포스의 신과 영웅은 신화의 시대에서 신앙의 시대로 바뀌면서 숭배의 대상에서 잡신의 자리로 떨어지고 그들의 성소는 파괴되었지만, 인류 문명의 발상과 더불어 형성된 신화의 생명력은 끈질겨서 결코 소멸될 수 없는 것이었다. 별빛이 총총한 아스펜도스 고대 극장에서 관람했던 발레공연은 이번 여행을 꿈결같이 아름답게 만들어 주었다.

터키의 카파도키아 화산지대에서 본 버섯 모양의 바위는 무척 신비했고, 괴뢰메에서 이른 새벽에 탑승한 벌룬 투어는 여행의 재미를 더해줬지만, 으흘라라 계곡에서 시냇물을 옆에 끼고 숲길을 따라 걷던 트래킹과 주름잡힌 붉은 토양의 로즈 밸리에 올라 저 멀리 하늘을 붉게 물들이며 지는 태양을 아내와 함께 바라보던 그때가 나에겐 가장 행복한 순간이었다. 그리고 파묵칼레에서 온천수가 찰랑거리며 흘러내리는 까끌까끌한 석회암층을 밟고 올라갈 때 발바닥으로 전해오는 그 촉감은 무척이나 황홀했다. 다음에 다시 방문하게 된다면 그 때도 이런 느낌이 들까? 이번 여행에서 해넘이 광경을 여러 곳에서 지켜봤지만, 가장 황홀한 장면을 연출한 곳은 파묵칼레의 다랭이논처럼 생긴 석회암층에서 바라본 석양이었다.

여행 중에 친절했던 터키인을 길에서, 오토가르에서, 숙소에서, 유적지

에서 종종 만났다. 그들이 베푼 작은 친절이 이번 여행을 지치지 않고 즐거운 추억으로 가득 차게 만들어 주었다. 특히 사프란볼루에서 우연히 만났던 터키의 예쁜 소녀들이 나에게 준 선물은 이곳에서 머문 하루를 아름다운 추억으로 간직하게 해주었다. 나는 터키 여행 중에 찍은 사진으로 사진첩을 만들었는데, 가끔 펼쳐 볼 때마다 언젠가 또다시 터키를 방문하게 되기를 마음속으로 기원해 보곤 한다.

터키 사프란볼루(저자 그림)

산딸나무와 터키 여행

발   행   2017년 07월 31일

지은이   홍 석 경
펴낸이   이 순 옥
펴낸곳   도서출판 문화의힘
            대전 동구 대전로 867번길 52
            한밭오피스텔 406호/ 등록 제364-117호
            전화 042-633-6537
            전송 0505-489-6537

ISBN   979-11-87429-13-5

ⓒ 홍석경 2017
지은이와의 협의로 인지는 생략합니다.
파본은 바꾸어드립니다.

|값 18,000원|

「이 도서의 국립중앙도서관 출판예정도서목록(CIP)은 서지정보유통지원시스템 홈페이지(http://seoji.nl.go.kr)와 국가자료공동목록시스템(http://www.nl.go.kr/kolisnet)에서 이용하실 수 있습니다.(CIP제어번호: CIP2017018586)」